100억 짜리 토지투자 경험기

김용남 지음

도서
출판 오스틴북스

25살 막막하다 뭘 해서 돈을 벌어야 하나

나는 여러분과 같은 평범한 사람이다. 고등학교를 졸업하고 성적에 맞춰 대학에 입학했다.

대학 신입생 시절 공부보다는 노는데에 정신이 없었고 군대 영장을 받게 됐다. 이때만 해도 내가 어떤 사람이 될지 한 번도 생각해본 적이 없었다. 그나마 중·고등학교 때 음악이 마음에 들어 항상 음악활동에만 관심을 갖고 있었다. 많은 사람들이 아마 공감하겠지만, 말년 병장이 되면 나가서 무얼 해야 하는지를 고민한다. 나 또한 그런 생각들로 하루하루를 보냈지만 딱히 내가 무엇을 할 수 있을지 생각나는 것이 하나도 없었다. 그러나 한 가지 생각이 들었던 것은 아무 의미없는 대학은 자퇴를 해야겠다고 마음먹고 군대를 제대하자마자 자퇴서를 작성했다. 그래서 난 고졸 신분이 되었다. 이제 고민해야 한다. 과연 나는 무엇을 해야 할지를 말이다. 집에서 벼룩시장을 보며 일할 수 있는 곳을 알아보았지만 학력도 좋지 않고 기술도 없는 내가 할 수 있는 일은 거의 없었다.

당장 용돈이 필요했기에 닥치는 대로 일을 하기 시작했다. 도시락 배달과 모델하우스에서 명함을 돌리는 일을 했다. 그러던 중 우연히 현찰이 오고 가는 장면을 목격하였고, 그때 그 광경은 결국 지금의 나를 만들어 주는 계기가 되었다. 어린 나이에 현찰이 오고 가는 장면은 나에게 엄청난 설레임을 가져다주는데 충분했다.

"사장님! 이거 하려면 어떻게 해야 하나요?"

"먼저 공인중개사 자격증부터 따야지"

"공인 중개사요? 그것만 따면 할 수 있는 건가요?"

그 길로 나는 조용히 공인중개사가 어떤일을 하는 사람인지 알아보게 됐다. 그런데 알아 보면 알아 볼수록 도저히 할 수 없을 것 같다는 생각만 들었다.

더욱이 공인중개사 시험이 그해에는 10월경이었지만 내가 공인중개사에 관심을 갖기 시작한 때는 7월 말경이었기에 시간이 많지 않은 상황이었다.

그렇게 포기하고 있을때 어머니가 지나가는 말로 얘기하셨다.

"그렇게 빈둥대지 말고 너도 공인중개사 자격증이나 따봐"

너무 기가 막히다고 생각했다. 나도 모르게 나온 말은

"공인중개사? 그걸 내가 어떻게 해? 말도 안 되지."

그렇게 얘기하고 난 후 나는 또 다른 생각이 들었다.

'내가 왜 못해? 하면 하는 거지'

여기 저기 알아보던 중에 막역했던 초등학교 친구가 공인중개사 학원에 다닌다는 사실을 알게 되었다. 친구를 찾아 학원으로 갔다.

"친구야! 공인중개사 이거 많이 힘드니?"

당황한 기색으로 친구가 말을 했다

"어. 무지 어려워. 할 생각도 하지마라"

"당연하지! 그냥 물어 본거야"

속에서는 다른 마음이 생겨나고 있었다. '내가 왜 못하는데? 나도 할 수 있어'라고 말이다.

그렇게 난 8월 1일 학원에 등록하고 그해 10월 공인중개사 시험에 합격했다. 그 후로 지금까지 21년차 토지개발업자가 되어있다.

그동안 정말 많은 일들이 있었지만 지금 나이 45살에 돈은 걱정하지 않는다.

과연 나에게 어떤 일들이 있었던 것일까? 이 책을 읽고 있는 당신도 나와 같이 돈을 걱정하지 않게 될 수 있다. 나에게 있었던 일들을 이제부터 이야기하려 한다. 내가 겪었던 경험들이 여러분에게 아주 조그만 보탬이라도 되길 바라는 마음이다.

목   차

 story ❶ **초보 공인중개사**

story ❷ 토지개발업자가 되었다

story ❸ 토지전문가 김 공인

초보 공인중개사

초보 공인중개사

모델하우스 하루에 2천만원이 1억이 되었다

지금으로부터 약 20년 전 그때 대통령은 김대중 대통령이었다. 부동산 시장은 아주 활황기를 맞이하고 있었다고 해도 과언이 아니었다. 그때만 해도 분양권 전매제한이라는 규제가 없기 때문에 분양권 거래가 매우 빈번하게 일어나는 상황이었다. 그러다 보니 아파트 모델하우스에는 분양권거래를 하기 위한 사람들로 북새통을 이루고 있었다. 그런 상황이다 보니 당연히 손님들을 호객하기 위한 아르바이트가 성행 했었다.

그 시기에 나는 우연치 않게 모델하우스에서 명함 돌리는 일을 하게 되었다. 지금 생각하면 그 순간이 나를 지금의 나로 만들어준게 아닐까라고 생각한다. 모델하우스 인근 부동산 사장님들은 2천만원 정도를 현찰로 가지고 계셨다. 그 돈이 바로 당첨된 분양권을 사기 위함이라는 사실을 알게 되었다. 정말로 부동산 사장님들은 분양권을 매입하기 시작했고 비교적 손쉽게 분양권을 살 수 있었다. 그때만 해도 부동산 지식이 1도 없었기 때문에 원래 이런걸 돈 주고 사는게 당연한 것이라고 생각했던 것 같다. 그때는 당첨자 발표가 자정에 났기 때문에 소위 말하는 떳다 방들은 새벽에 모델하우스를 가게 됐고, 나 또한 새벽에 모델하우스를 찾는 사람들에게 명함을 돌려야 했다. 그렇게 부동산 사람들은 분양권을 매입하기 시작했고 많이 매입하는 사람은 하루에 20장 까지도 살 정도였다. 어린 나이에 100만원 현찰만 봐도 엄청나게 많은 돈이라고 생각하고 있었기 때문에 현찰 100만원씩 20장을 사는 모습을 보고 놀라지 않을 수 없었다. 정말 대단하다고만 생각했던 것 같다. 그런데 더욱 날 놀라게 만들었던 일이 벌어졌다. 100만원씩 산 분양권 20장을 500만원에 되파는 것이 아닌가! 근데 쉽게 거래가 되고 있었다. 결론부터 얘기하면 2천만원이 하루아침에 1억이 되는 것을 보게 된 것이다. 눈이 뒤집어 질 수 밖에 없는 상황이었다. 신세계를 보았다고 해야 할 듯하다. 그 순간 나도 이 일을 해야겠다는 생각을 했던 것 같다. 그러면서 자연스럽게 공인중개사 자격증에 관심이 가기 시작했지만 알면 알수록 나는 할 수 없을 것 같다는 생각만 들었다. 하지만, 그런 마음이 들고 있음에도 왠지 공인중개사를 동경하게 되었고, 마음 한구석에 미묘한 감정을 품고 살게 되었다. 그러던 중 내 맘을 어머니가 아셨을까 이런 말을 하셨다.

"너도 공인중개사 자격증이나 따봐"

물론 단방에 거절했지만 공인중개사에 대한 호기심은 더욱 늘어나게 되었다. 점점 나도 모르게 공인중개사를 알아보고 있는 나를 보게 되었고 결국에는 친했던 친구가 공인중개사를 준비하고 있다는 사실을 알게 됐다. 그 친구는 나에게 힘들어서 못할꺼라고 포기하라는 식으로 말을 했다. 그냥 웃고 넘어갔지만 마음 속에 미묘한 감정이 싹트고 있었다. 지금 생각하면 그때 그 마음은 오기였던거 같다. '내가 왜 못해' 라는 생각이 자꾸 들었으니 말이다.

결국 나는 친구가 다닌던 공인중개사 학원에 8월 1일 등록하게 됐다. 그 해 공인중개사 시험은 10월경에 있었는데 말이다. 어떻게 보면 나의 도전은 굉장히 무모한 도전이라고 해도 과언이 아닐 것이다.

2개월 만에 공인중개사 자격증을 취득했다

공인중개사 학원에 등록을 했다. 그런데 진도는 이미 마무리된 상태였고 문제집으로 문제만 반복적으로 풀고 있었다. 이러다가는 그대로 떨어질 것 같았다. 알아듣지 못하는 말들뿐이었기 때문이다. 다른 방법을 찾다 온라인으로 수업을 들어야겠다고 생각하고 전과목의 온라인 강의를 신청하게 되었다. 한 과목당 한 시간씩 30강 정도가 되었고, 그때 당시 1차, 2차 과목이 6과목 이였기에 한과목당 30강씩 계산하니 180강이나 되었다. 시험을 보려면 두 달 정도의 시간이 있었기에 나 스스로 시간을 정했다. 하루에 한 시간씩 7강을 보면 한 달이면 모두 볼 수 있겠구나 라고 생각했다. 그리고 한 달은 복습의 기간으로 삼자라고 마음먹었다. 그렇게 마음먹고 난 그런 생각을 했던 듯하다. 내가 만약 이 공인중개사 자격증을 취득하지 못하면 난 정말 아무런 희망도 없구나 라는 생각 말이다. 이 생각이 날 미치게 만들었다. 아침 9시까지 학원에 가서 12시쯤 수업이 끝나면 점심을 먹고 동영상을 보면 한 7~8시경 시청이 끝났다. 그럼 그날 본 동영상에 대한 복습을 해야만 했다. 그러다 보니 새벽 2~3시까지는 책만 보고 살았던 것 같다. 지금 생각해 보면 어떻게 그럴 수 있었을까? 놀라지 않을 수 없다. 나의 생활을 곱씹어 보니 새벽 3시쯤 취침하여 9시까지 학원을 가고 12시쯤 점심을 먹고 동영상을 보고 새벽 2~3시까지 책상 앞에 앉아 있었으니 그때 우리 아버지가 나에게 한 말을 아직도 기억하고 있다. 아버지께서 하신 말씀은 "공부 좀 그만하고 자라" 라는 말이었다. 처음이었다. 공부하라는 말은 자주 들었어도 공부 좀 그만 하라는 말은 처음 들었던 것 같다.. 그렇게 난 공인중개사에 미쳐 있었다. 이 자격증만 있으면 내가 보았던 그 일을 나도 할 수 있다라는 생각에 공부를 미친 듯이 하는 상황에도 힘이 하나도 들지 않았다. 친구가 얘기했다.

"공부는 잘 돼? 이번 시험 1차만 응시할거지?"

친구는 당연하다는 듯이 물었다. 그도 당연할 것이 시험까지는 두 달 정도가 남아 있었고 학원에서는 진도를 나가지 않았기에 내가 1차에 합격하는 것도 쉽지 않은 일이라고 생각했을 것이다. 나는 이렇게 대답했다

"아니 2차 시험까지 볼건데"

황당하다는 듯이 얘기했다.

"......그래? 한 번 연습삼아 보는 것도 한 방법이 되겠다. 열심히 해봐"

그때 내 심정은 무조건 합격하는 것이었다. 절대 연습삼아 볼 생각이 아니었고 한번 보여주리라는 생각뿐이었다. 그렇게 공인중개사 시험 날 우리는 시험을 같이 치르게 되었고 학원으로 돌아와 가채점을 해보았다. 친구가 채점이 끝났다. 합격이었다. 평균 60점을 맞으면 합격하는 건데 친구는 평균 70점 정도로 합격을 했다. 이제 내 채점이 남아 있을 뿐이다. 손이 벌벌 떨려서 나는 채점을 할 수 없었다. 친구에게 부탁을 했다

"친구야~ 내꺼 좀 채점해 줄래? 난 못 할 거 같아"

"그래. 알았어."

그렇게 친구는 내 시험지를 들고 채점을 하기 시작했다. 한 시간이 지나고 채점을 다 마친 친구의 입에서 이런 말을 듣게 되었다.

"야~ 평균 61점이야. 합격이야~"

"뭐라고? 합격? 진짜야?"

그렇다 난 제13회 공인중개사 자격증을 취득했다. 너무 기쁜 마음에 아버지에게 전화를 걸었다.

"여보세요 ~ 아빠..... 나....... 합격했어~~~~"

"우와~ 진짜야 아들? 오예~"

지금도 그 순간을 잊지 못하고 있다. 매우 무뚝뚝한 아버지가 크게 환호성

을 지르시고 좋아 하셨는데...

그렇게 큰 소리로 좋아하셨던 아버지는 2021년 세상을 떠나셨다.

재개발 시장 건물 등기부를 보고 대지면적을 계산했다

자격증을 취득하고 내가 처음으로 일을 하게 된 곳은 집 근처의 재개발 시장이다. 다가구와 다세대 건물들이 즐비하게 있고, 재개발지역이기에 건물이라도 대지지분에 따른 매매가 되는 시장이었다. 예를 들어 대지지분당 평당 800만원이고 23평 건물이라도 대지지분이 8평이라면 매매가는 6,400만원을 형성하게 되고, 건물평수가 18평이라도 대지지분이 10평이라면 매매가는 8,000만원에 거래가 되는 시장이었다. 이렇듯 재개발시장은 대지지분 1평당 금액이 매매가를 좌지우지하기 때문에 물건의 대지지분을 정확히 파악하는 것은 굉장히 중요한 일이었다. 하루는 여느 날과 같이 사무실에 있는데 대지지분 12평짜리 물건을 접수하게 되었다. 그때 당시 대지지분이 10평이 넘는 물건들은 거의 드물었기 때문에 등기부를 확인하면서도 나는 '이거 대박 물건이네' 하며 물건 접수를 받았다. 물건 접수를 하고 일하는 곳 사장님께 대박 물건이 나왔다며 등기부를 확인시켜 드렸다. 등기부를 확인하신 사장님은 대박 물건이 나왔다며 큰 물건을 구하시는 사모님께 전화를 걸었고 그 사모님은 사무실로 방문하셨다. 사장님은 사모님께 한참을 설명하시고 집까지 둘러보신 뒤에 매우 꼼꼼하게 계약을 하셨다. 무조건 계약 할 수밖에 없는 상황이었다. 왜냐하면 대지지분 12평은 그 곳 재개발지역에서는 아주 보기드문 물건이었기 때문이다. 이러한 사정은 매수자도 알고 있었기에 그 사모님은 부랴부랴 계약하기로 하셨던 것이다. 우리는 집주인을 불러 중개계약을 하게 되었고, 대지 지분 800만원에 12평이라 9,600만원에 계약을 하게 됐다. 참 안타깝게도 나는 부동산에서 단 한번도 일을 해 본 적이 없었다. 당시 다니던 부동산은 벼룩시장 구인광고를 보고 자격증이 필요하다는 사장님을 카페에서 만나 제안을 했었다. 제안의 내용은 사무실에 내 자격증을 걸고 6개월을 일하는 조건으로 선불 300만원을 달라는 내용이었다. 그렇게 해주면 일하면서 생기는 계약에 대한 보수는 전혀 받지 않겠다고 했다. 그 당시 사장님은 공인중개사가 아니었고 부동산 공부를 하며 자격증 준비를 하고 있었다. 사장님은 내 제안을 흔쾌히 허락하셨고 선불로 300만원을 주셨다. 그렇게 일을 하게 됐다. 지금 생각해 보면 정말 내가 잘못된 제안을 했다는 걸 느끼고 있다. 하지만, 그때는 나이도 어렸고, 처음하는 일이었으며 약속은 지켜야 한다고 생각했기에 아무 군소리 없이 일에만 전념할 수밖에 없었다. 그런데 이게 왠일인가? 사장님은 한 달에 1,000만원 이상의 수익을 올리고 있었다. 자격증도 내가 걸었고 모든 계약을 함께 진행했지만 나는 보수에 대한 이야기는 절대 하지 않았다. 사장님도 그런 날 보며 대견하게 생각하시는 듯 했다. 한 달이 지나 중개계약을 했던 잔금날이 다가 오게 되었고 우리는 인근 법무사에 등기를 맡기고 돌아오는 길에 전화 한 통을 받게 됐다.

"네. 여보세요. 법무사님이세요?"

"네. 00 법무사 사무실인데요. 등기부를 확인하다 대지지분이 이상해서 전화 드렸어요"

"대지지분이 이상하다구요? 등기부 확인하시면 12평이라고 나올 텐데요"

"그게 제가 아무리 등기부를 확인해도 지분이 10평밖에 안 되는데요"

"아니 법무사님이 등기부를 못 보시면 어떡하나요? 제가 사무실 들어가서 등기부 팩스로 보내 드릴게요"

"네. 알겠습니다."

나는 사무실에 들어가 등기부를 팩스로 보내게 되었다. 다시 전화가 걸려왔다.

"00법무사 사무실인데요. 보내주신 등기부는 건물 등기부인데요"

"네? 뭐라 구요? 등기부가 또 있나요?"

그렇다. 난 아파트에 오랫동안 살았기에 등기부등본은 하나라고만 생각했다. 사장님도 나와 같은 생각을 하셨던 것이다. 큰 일이 났다. 우리가 본 물건은 다가구 건물이었던 것이다. 토지 등기부와 건물 등기부가 따로 존재하는 건물이었고 우리가 본 등기부는 건물 등기부를 본 것이었다. 그제서야 토지 등기부를 열람하자 진짜 지분이 10평이라는 사실을 알게 되었다. 지분 차이가 2평이고 평당 800만원이니 1,600만원. 사장님과 나는 한참을 멍하니 앉아 있었다. 한참을 불편하게 앉아있던 그 때 사장님이 말문을 여셨다.

"지분을 잘 못 계산 한 거는 명백히 우리 잘못이야. 그리고 내가 사장이니 내가 정리할게. 넌 걱정하지 말아라"

아무 말도 할 수 없었다.

사장님은 그 사모님에게 전화를 걸었고 상황설명을 하셨다. 결국 사장님이 투자해 놓은 물건이 있었고 마침 대지지분이 12평이었기에 그 물건을 드리기로 하고 이번에 거래한 물건은 사장님이 갖는 걸로 마무리 짓게 되었다. 우리는 이 일로 1,600만원의 손해를 보게 되었고 다가구 건물이라는 것이 어떤 것인지 정확하게 알게 되었다.

25살 화성시 부동산에 취직했다

그렇게 6개월 계약된 기간이 지나 일을 마치고 생각했다.

'부동산이라는 일이 잘못하면 큰 일 나겠구나'라는 생각 말이다. 그 후로 나는 부동산은 나랑 맞지 않는다고 생각했고 중개사 일을 그만두고 일용직 사무실을 다니게 되었다. 어렵게 자격증을 취득했지만 아무 희망도 없는 건설직 잡부가 되겠구나라고 생각했다. 그 때 당시 지금의 와이프인 여자 친구가 이런 말을 했다.

"오빠~ 우리 작은 아빠가 오빠 와보라는데?"

"웅? 나를 왜?"

"내가 오빠 공인중개사라니까 한번 와 보래. 작은 아빠 부동산 하시거든"

"그래 알았어."

나는 대수롭지 않게 생각했고 부동산에는 이제 관심도 없었기에 하루하루 일하는 데에만 집중했다. 한참이 지나서 여자 친구가 다시 얘기했다.

"오빠! 작은 아빠가 와보라는데 왜 안가? 한번 가봐"

"웅? 알았어. 내일 간다 해"

'그래 한번 가보지 뭐' 라는 생각을 하게 되었고 태어나서 처음으로 경기도 화성이라는 곳을 가게 되었다. 그런데 내가 처음 가본 경기도 화성은 그저 시골의 모습이었다. 이런 시골에서 부동산을 하시면 돈을 버시는 건가? 여기는 사람이 살긴 하는 건가?

내가 처음 느낀 경기도 화성은 '뭐 이런 동네가 다 있지?'라는 신기한 느낌이라고 해야 할까? 그 때 당시 네비게이션도 없었기에 사무실을 찾아가는 데도 몇 번의 통화를 하고 아주 어렵게 사무실을 찾아 가게 되었다. 그렇게 사무실에 들어가 한 10분정도 기다리고 난 후 작은 아버지라는 분을 만나게 되었다. 그런데 날 보자마자 대뜸 물어보신다.

"자네 무슨 일 하나?"

"그냥 여기저기 아르바이트 하는데요"

"한 달 월급 100만원 줄게. 내일부터 출근하겠나?"

"네? 제가 무슨 일을 하는 건데요?"

"그냥 여기 앉아 있으면서 내 심부름이나 하면 돼"

"네? 정말이요?"

20년 전 100만원은 꽤 괜찮은 월급이었기에 나는 아무 생각없이 대답했었던거 같다.

"네. 알겠습니다. 낼부터 출근하겠습니다."

그렇게 나는 경기도 화성의 작은 부동산 사무실의 직원이 되었다. 출근을 해보니 나보다 한 살 형이 부장이라는 직책으로 일하고 있었고 사장님처럼 보이는 분이 한 분 계셨다. 작은 아버지는 건설 회사를 운영하셨고 부동산 사장님과 친분이 있다 보니 나라는 직원을 부동산에 일하게 했던 것이다. 결국 월급을 주는 사장님은 바로 작은 아버지셨던 것이다. 진짜 아무 일도 시키지 않았다. 하루 종일 부동산에 앉아 있는 것이 내 일의 전부였다. 속으로 생각했다.

'그래도 내가 공인중개사인데 이렇게 있다가는 아무 것도 못 배우겠구나.'

그런 생각이 들며 나만의 계획을 세우게 되었다. 먼저 경기도 화성이라는 지역을 알지 못했기에 출근하면 지도책을 들고 길이라는 길은 다 가보자라고 생각했다. 아침에 출근하면 지도책을 들고 무작정 여기저기다녀 보았다.

그렇게 3개월이 지났을까 신기한 일이 나에게 생기고 있다는 것을 느꼈다.

부동산에 손님이 한 분 들어오셨다. 땅을 팔러 오신 분이다. 땅 지번을 주시며 얼마에 매도해달라는 부탁을 하는데 그 지번으로 지도책을 찾았더니 내가 얼마 전 가본 길이 아닌가!

부동산에는 아무런 지식이 없는 내가 상담을 하고 있다.

"사장님! 여기 길 별로 안 좋잖아요. 건물도 하나도 없던데요. 주변이 다 논들 뿐이던데요. 싸게 내 놓으셔야 거래가 될 듯합니다."

참 이상한 일이다. 내가 상담을 하고 물건을 내놓은 손님 또한 내말에 집중하고 있다.

그렇게 나는 토지라는 부동산을 시작하게 되었다.

빵집사장이 한 달 만에 1억을 벌었다

그렇게 부동산에 출근했어도 나는 부동산 직원이 아니었다. 부동산 일을 도와줄 뿐 나에게 월급을 주는 사람은 작은 아버지였기 때문이다. 지금은 이해할 수 있지만 당시 나는 누가 내 사장님인지도 헷갈리고 있었던 듯하다. 부동산 일을 하고 있을 때 쯤 38살의 아저씨가 토지를 배우고 싶다며 출근하게 되었다. 당시 난 20대 중반이었기에 38살은 아저씨로만 생각되어졌다. 그 분은 수원에서 빵집을 하셨다고 한다. 그런데 장사가 잘 되지 않아 빵집을 정리하고 사장님을 따라 토지를 배우러 왔다고 하셨다. 물론 나는 공인중개사였기에 어느 정도 기본적인 지식은 있었지만 그 아저씨는 내가 볼 때 나이만 드셨을 뿐 부동산 쪽으로는 아무것도 모른다고 생각했다. 우리는 서로를 위로하면서 형 동생 사이로 친하게 지냈고 그 형은 부동산 직원이었기에 손님을 맞이해야만 했다. 어느날 땅을 사고 싶다는 매수자 한분이 사무실로 들어왔다. 그 빵집 형은 상담을 하기 시작했고 매수자의 얘기를 들어본 결과 매수자는 도면을 꺼내더니 이쪽으로 길이 예정되어 있다며 이 도면의 길이 나가는 쪽으로 어떤 땅이라도 살 테니 구해달라는 부탁을 하였다. 그 형은 알겠다며 그냥 의례적인 대답을 할 뿐이었다. 며칠이 지나 땅을 팔고 싶다는 할머니 한 분이 들어오셨다. 1,000평이라고 한다. 자기 손에는 40만원만 받게 해달라고 얘기하셨다. 그게 무슨 말이냐 하면 평당 40만원을 받아달라는 뜻이고 수수료는 40만원 받았을 때 주지 않겠다는 것이고 40만원 이상으로 받아서 그 이상 받은 돈을 수수료로 하라는 것이다. 그 당시 토지시장에는 인정작업이라는 것이 있었고 다른 말로 해서 입금이라는 수수료 체계가 있었다. 어떻게 보면 옛날 토지시장에는 이러한 수수료 체계로 많은 돈을 벌 수 있었던 시장일 수 있었다. 하지만 지금은 다 옛날이야기일 뿐 그렇게 거래되지 않기 때문에 얼마에 거래되면 그 거래금에 따른 중개수수료를 지급해야 한다. 암튼 그 때 얘기를 다시 하면 길이 예정되어 있는 곳에 붙은 땅이 평당 40만원 입금으로 나오게 되었다. 그 형은 도면을 보여주며 땅을 구해달라고 했던 분에게 전화를 했다

"여보세요? 여기 그 도면에서 길 옆에 붙어있는 땅이 나왔는데요."

"몇 평이고 얼마에 나왔나요?"

"1,000평이고요 50만원에 나왔습니다. 빨리 오셔야 할 듯합니다."

"네. 알겠습니다. 바로 가겠습니다."

그렇게 통화를 하고 다음 날 그 매수자는 사무실로 방문하였고 현장 답사를 하고는 평당 50만원에 계약을 하기로 하셨다. 이게 왠일이란 말인가! 평당 40만원 입금의 땅이 나보다 일을 잘 알지 못하는 형이 50만원에 거래를 했다. 그럼 1,000평에 중개수수료가 평당 10만원이라고 하면 1억이다. 과연 정말 이 금액을 수수료로 받을 수 있을까?

계약은 그대로 진행되었다. 한 달이 지나 잔금을 치게 되었고 그 빵집 형

님은 1억을 벌게 되었다. 물론 사장님과 분배를 했을 것이지만 그 일로 인해 이 빵집 형님은 수원으로 다시 돌아가게 되었고 직원을 여러 명 두고 공인중개사 사무실을 개업하셨다.

참으로 신기한 일을 목격하게 되었다. 그 일로 내가 하는 이 일이 돈을 벌 수 있다는 걸 다시 한 번 느끼게 되었다.

달을 보며 매일 매일 기도했다

화성의 지리를 어느 정도 익혔을 때 나는 작은 아버님의 뜻대로 어떤 나이 지긋한 사장님의 부동산 사무실 직원으로 들어가게 됐다. 그 때 당시 내가 받는 월급은 계약과는 상관없이 월 150만원을 받게 되었다. 나는 27살이라는 나이로 여자 친구와 결혼을 하게 되었고 경기도 화성지역에 투 룸을 얻어 결혼 생활을 하게 되었다. 투 룸은 월세로 얻게 되었는데 한 달 월세로 44만원을 납부해야 했기 때문에 월세를 내고 나면 20만원 저축하고 나머지 돈으로 살아야 하는 상황이었다. 친구들을 만나 술 한 잔 할 여유가 되지 않았기 때문에 자연스럽게 친구들과는 교류가 없어지게 된 듯하다. 그때 만해도 토지를 하는 부동산 사무실에서는 한창 카드게임을 하는 사장님들이 많이 있었다. 우리 사무실도 예외는 아니었다. 오후 2시만 되면 항상 사람들이 북적대기 시작했고 밤늦게까지 카드게임을 하는 사람들로 북새통을 이뤘다. 지금은 상상할 수도 없는 사무실의 모습이지만 당시엔 너무나 익숙한 광경이었기 때문에 카드게임을 하지 않는 날이 신기할 정도였다. 매일 같이 카드게임을 하는 사람들로 북적이다 보니 난 다른 생각을 하게 되었다. 사무실에 오시는 사람들에게 먹거리를 제공하면 '분명히 용돈을 받을 수 있을 것이다' 라는 생각 말이다. 월급 150만원이 그때 당시 절대 적은 월급은 아니었지만 그때 처한 내 상황은 한 푼이라도 더 벌어야 하는 상황이었기에 매일 저녁이 되면 사무실 앞에서 번개탄을 피웠다. 그리고 고등어도 굽고 삼겹살도 굽고 요리를 하기 시작했다. 사장님들이 먹기 편하게 다 잘라서 요리를 했고 물과 청양고추 등 먹거리를 제공해 드리면 용돈으로 꼭 3만원을 주셨다. 어린 나이에 결혼을 하고 매일 받는 3만원은 그 시절을 이겨낼 수 있었던 원동력이 된 듯하다. 그때 참 많은 생각을 하게 됐다. 하늘에 떠있는 달을 보며 수없이 되뇌었다. '딱 10년이다. 10년 후에는 내가 이 토지시장을 다 잡아 먹을 것이다' 라고 말이다. 그리고 벌써 20년이 훌쩍 지났다. 이제는 대한민국 최고의 토지개발 디벨 로퍼가 되어 돈 걱정하지 않고 살아가고 있다. 이런 말이 있다. "불필요한 경험은 없다."라는 말이다. 내가 하고 있는 고생과 지금 나에게 일어나는 시련이 앞으로 내 인생에 있어 절대 불필요한 경험이 아니라는 것. 지금 좋지 않은 일들이 생긴다면 그 일로 인해 나는 더욱 더 성장하게 될 것이라는 것. 그 시절 떠있는 달을 보며 수십 번 되뇌었던 말 "10년 후에 보자"라는 말이 지금의 나 토지개발의 황제로 태어나게 했음을 다시 한 번 생각하게 된다.

공장부지요? 그런 거 없습니다

　한창 부동산 사무실 직원으로 일하고 있었지만 알고 있는 지목이 몇 개 인지도 몰랐고 용도지역이 몇 개 인지도 모르던 시절이었다. 그렇게 부동산 직원으로 일하고 있을 때 나에게 충격적인 일이 일어났다. 그 일을 계기로 난 공부를 하기 시작했고 나름대로 토지시장을 정리 할 수 있었다. 어느 날 사무실 문을 열고 한 남자가 들어왔다. 부동산에는 나 혼자 였기에 내가 손님을 맞이할 수밖에 없었다.

　"어떻게 오셨나요?"

　"땅을 좀 구하러 왔습니다."

　"어떤 땅을 구하시나요?"

　"여기 공장부지 나온 거 있나요?"

　그동안 서류를 많이 봐 왔지만 전, 답, 과수원, 임야 같은 지목은 봤어도 한 번도 공장부지라는 지목은 본 적이 없었기에 당당하게 얘기했던거 같다.

　"공장부지는 없습니다."

　"아니 여기 내려오면서 부지 조성된 거 많이 봤는데 하나도 없다구요?"

　"네. 하나도 없습니다. 다른 부동산에 가보시지 그러세요."

　짜증이 났다. 날 어이없게 쳐다보는 눈빛도 맘에 안 들었고 하나도 없냐며 황당하다는 듯이 얘기하는 태도가 날 기분 나쁘게 만들었다.

　"여기는 공장부지 같은 땅은 없으니까 다른 부동산 가서 알아보셔야 할 듯 합니다."

　"네. 알겠습니다."

　그렇게 손님은 문을 열고 나가셨다. 그리고 네이버에 공장부지가 무엇인지 검색하게 되었다. 다름 아닌 공장부지는 지목이 무엇이냐를 불문하고 그냥 개발행위허가가 공장으로 되어 있는 땅을 가리키는 말이었다. 그렇게 공장부지가 무엇인지를 알게 되자 이런 생각이 들었다.

'공장부지 우리 사무실에 수두룩하네.' 정말 창피했다. 부동산 직원이라고 앉아있으면서 공장부지가 무엇인지도 알지 못하고 있는 나 자신이 너무나 초라하게 느껴졌다.

그 손님이 나를 어떻게 생각했을까를 생각하니 너무 창피했고 공부를 해야겠다는 생각이 들었다. 그 일 이후로 아침에 출근하면 네이버 검색을 하기 시작했다. 토임이 뭔지, 개발 부담금이 뭔지, 생산녹지에서 무엇을 할 수 있는지 등을 말이다. 하루 하루 수십가지를 질문하게 되다 보니 매일같이 공부할 수 있게 되었고, 이제 손님이 들어오면 도시지역과 비도시지역이 뭔지를 물어보고 알지 못하면 자리에 앉혀놓고 강의를 하기 시작했다. 왜냐하면 내가 공부한 것을 복습해야 했기 때문이었다. 수년이 흐르자 나도 모르게 많은 것들을 알게 되었고 그때 그 순간들로 인해 현재 토지개발을 강의하고 있구나 라는 생각을 하게 되었다.

손님을 데리고 땅을 보러갔다. 이 땅이 아닌가?

한창 네이버 검색을 하며 열심히 공부하던 중 손님이 한분 들어오셨다.

"투자를 좀 해놓고 싶은데 좀 저렴한 땅이 있을까요?"

물건이 꽤 많이 나왔다고 해야 할 듯 했다. 지금은 2차선변 토지를 고집하지만 그때만 해도 그런 기준이 전혀 없었기 때문에 사무실에 물건 등록을 해놓은 것을 그대로 읽어 줄 뿐이었다.

"700평정도가 14만원 9,800만원에 나온 것이 있네요."

"지번이 어떻게 되나요? 금액이 괜찮은 듯 한데요."

솔직히 당시엔 위성지도가 없었기 때문에 땅을 본적도 없었고 부동산 일을 한 지가 얼마되지 않아 현장을 가본 적도 없었을 때였다.

"지번이 이렇게 되네요."

나는 지번을 불러 주었다. 지도를 한참 보던 손님이 얘기하셨다.

"계약하고 싶은데 땅 좀 볼 수 있을까요?"

속으로 생각 했다. '땅 보러 가자고? 나도 안 가봤는데' 이거 창피하게 가본적 없다고 할 수도 없고 큰 일이다.

"네. 알겠습니다. 제 차 타고 가시면 됩니다."

일단 가보자고 말을 해 버렸다. 지도책 들고 가면 찾을 수 있겠지 라는 생각을 했다.

그렇게 차를 타고 동네 안쪽으로 들어갔다. 그런데 지도책과 다른 현장을 만나게 됐다. 솔직히 말해서 어디가 어딘지 모르겠다. 이를 어떡한담!

"아직 멀었나요?"

"거의 다 왔습니다."

거의 다 왔다고 나도 모르게 횡설수설 해버렸다. 아무 땅이나 보여주자

"여깁니다. 이 밭 보이시죠? 이 땅입니다."

내가 지금 무슨 소리를 하는지 나도 알 수 없었다. 그런데 돌아오는 말은 나를 더욱 멘붕으로 만들었다

"이 땅이라구요? 괜찮네요. 지금 당장 계약하시죠~"

"네? 계약이요?"

식은땀이 흐르고 있었다.

"왜 무슨 문제 있나요?"

"아니요. 전혀 문제없습니다. 그럼 주인께 연락해보고 전화드릴테니 일단 돌아가시죠."

큰 일 났다. 계약을 한단다. 생각을 해야만 한다. 어떡하지? 오랜 고민 끝에 내린 결론은 이미 매매가 되어 버렸다고 얘기하는 것이었다. 그래 그렇게 얘기하자

"사장님! 이를 어떡하죠? 어제 매매가 됐다고 하네요."

"아~ 정말요? 참 좋았는데"

"이미 계약된 걸 할 수 없으니 다른 땅을 구해보도록 하겠습니다."

나 지금 무슨 짓을 한 거지? 이래서 나온 땅들은 미리 임장을 해놔야 하는구나 라는 생각이 들게 되었다. 이후 나는 토지 물건을 접수하면 꼭 주인과 함께 임장을 하곤 했다.

부동산에서 얘기하는 뒷통수를 맞았다

부동산을 하면서 자주 듣던 말은 '손님이 주인을 찾아갈 수 있다'라 말이다. 부동산에서 하는 임장과 설명을 모두 들은 뒤 가격이 맞지 않으면 손님이 직접 등기부를 통해 주인을 찾아가 저렴한 금액에 매입해 버리는 것. 이런 상황을 가리켜 그 당시에는 '손님에게 뒷 빵 맞는다' 라는 표현을 하곤 했다. 왜냐하면 수수료 체계가 입금이라는 체계로 이루어졌기 때문에 땅을 중개해서 수수료를 벌려는 부동산들은 어쩔 수 없이 원래 금액보다 높은 금액을 얘기할 수밖에 없었던 것이다. 어느 날 사무실 문을 열고 손님이 들어오셨다.

"대토로 절대농지를 사려고 하는데요. 가능한한 많은 평수를 샀으면 합니다."

"아~ 그러시군요. 몇 평이나 사실려구요?"

"평수 상관없이 크면 클수록 좋습니다."

나는 다른 사무실에 전화를 걸기 시작했고 5,000평 정도의 물건을 받게 되었다. 금액은 8만원 입금이라고 한다. 나는 손님에게 이렇게 얘기했다

"5,000평 땅이 있는데요. 금액은 평당 8만 5천원이랍니다."

"아! 그래요? 한번 볼 수 있을까요?

역시 나 또한 물건을 지금 받았기에 가본적은 없었다. 손님에게 양해를 구하며 얘기했다

"저도 가 본적은 없어서 땅을 찾아야 할 거 같은데 괜찮으시죠?"

"네. 알겠습니다."

우리는 절대 농지를 보기 위해 이동을 했다. 그런데 절대 농지이기 때문에 현장에 도착했지만 그 논이 그 논 같아서 도무지 땅을 찾을 수 없었다. 그렇지만 최대한 지도책과 일치해 보이는 땅을 찾게 되었다.

"이 땅 같습니다. 정확한 건 매입의사 있으시면 주인분과 함께 임장하시죠"

"네. 알겠습니다. 맘에 듭니다."

"그런데 금액을 8만원에 해 주시면 바로 계약하겠습니다."

"그렇게는 안 됩니다. 조정은 힘들 거 같습니다."

그렇다. 8만원 입금이기 때문에 8만원에 조정해서 계약하면 나는 수수료를 한 푼도 받을 수 없게 된다. 한참 실랑이가 이루어졌다. 나는 깎을 수 없다고 하고 손님은 5천원만 깎아달라고 한다. 절대 양보할 수 없는 상황이 되었다. 생각해보시라고 손님을 돌려보내고 이틀 정도 지나 확인 전화를 걸어보았다. 그런데 그 손님이 전화를 받지 않는다. 이상한 느낌이 들었다. 왜 연락을 받지 않을까? 자꾸 이상한 생각이 든다.

그래서 물건 주인에게 전화를 걸어 물어보게 되었다.

"사장님! 그 물건 아직 매도되지 않은 상태이죠?"

"아니요. 어제 8만원에 계약했는데요"

"뭐라구요? 계약 했다구요?"

순간 이상한 생각이 든다.

"그 매수자 혹시 나이 지긋한 어르신 아닌가요?"

"네. 맞아요. 점잖게 생기신 나이 지긋한 어르신인데요."

"혹시 그분 수원 산다고 안하시던가요?"

"네. 맞아요."

전화를 끊고 다시 한 번 그 어르신에게 전화를 했다. 전화를 받지 않는다. 이게 부동산들이 말하는 뒷 빵 이라는 거구나~ 순간 밀려드는 배신감은 나를 정말 화나게 만들었다.

부동산을 하면서 처음 겪어보는 일이었고 사람이 이럴 수도 있구나 라는 생각이 들며 절대 맨 정신으로는 버티기 힘들었던 것 같다. 퇴근 후 나는 혼자 술집에 들러 취하도록 술을 마셨다. 정말 한 푼이라도 벌어야 하는데... 이제 곧 첫째 아이도 태어나는데 말이다. 정말 그 속상함은 당해보지 않은 사람은 알지 못 할 것이다. 나는 토지 중개업이 절대 쉽지 않다는 것을 다시 한 번 느끼게 되었다.

토지시장 서러움이 날 크게 만들었다

이제는 나의 자격증을 걸고 인근의 사장님과 함께 동업을 하게 되었다. 아직 어린 나이지만 어엿한 부동산 사장이 된 것이다. 사무실 두 칸을 얻어 한 칸에서는 여느 때와 같이 카드게임을 하는 사장님들이 있었고 다른 한 칸에는 내가 컴퓨터 앞에 앉아 손님을 기다리고 있었다. 그러던 중 부부로 보이는 한 남녀가 사무실로 들어왔다.

"땅 좀 알아보려는데 혹시 괜찮은 땅 나온 거 있나요?"

"투자 하실려고 하시는 거면 아주 괜찮은 땅이 하나 있습니다."

나는 자연스럽게 지도 앞에 서서 그 물건 브리핑을 하고 있었다. 그런데 옆 칸에서 카드게임을 구경하던 동네 어르신이 내 말을 자르고 나서신다.

"투자를 하려고 하시나 봐요?"

"네. 그렇습니다."

"그럼 이 땅을 한번 보시지 그러세요?"

저를 가리키며

"이 친구가 부동산 배운 지는 얼마 안 됐는데 이 친구 차타고 땅 보고 오세요."

기분이 확 나빠졌다. 도대체 본인이 뭔데 이래라 저래라 하는지 알 수 없었다. 일단 나이 지긋한 어른이시라 기분은 나빴지만 차를 타고 땅을 보러 가기로 했다. 땅을 보고 돌아오는 차안에서 물건의 장·단점을 얘기하려 하자 돌아오는 말은

"저기 그냥 사장님한테 들을게요"

사장님? 내가 사장인데 말이죠. 그 어르신은 그냥 카드게임 하러 놀러온 사람인데 사장님이란다.

일단 알겠다고 얘기하고 사무실에 도착했다.

"땅 잘 보고 오셨어요?"

이제 대 놓고 사장인척 한다. 나를 제치고 본인이 상담을 하고 계신다. 너무 황당하다.

그렇게 한참을 브리핑하셨고 손님들은 좀 더 생각해 보겠다는 말을 남긴 채 사무실을 나가셨다. 나는 참을 수 없었다. 내가 어리긴 해도 사장인데 손님이 내말을 무시하게 만들었다고 생각을 하니 한 말씀드려야 할 듯 했다. 그리고 그 어르신에게 입을 열었다.

"사장님 저 도와주시려고 하신 건 알겠는데 앞으로는 끼어들지 않으셨으면 감사하겠습니다."

이 말이 끝나자 온갖 욕이 날아왔다.

"이런 싸가지 없는 놈좀 보게~ 내가 도와주려고 한 거 아니야? 어디서 대들어 임마~"

"네?"

난 아무런 말도 할 수 없었다. 아주 제대로 흥분하셨는지 온갖 욕을 퍼붓기 시작했고 정말 민망할 정도로 나를 무시하고 있었다. 주위 사장님들은 그 분을 말리기 시작했다. 그 분도 어느 정도 흥분이 가라앉았는지 집으로 돌아가셨다. 조용히 컴퓨터 앞에 멍하니 앉아있었다. 그 순간 두 줄기 눈물이 흘러 내렸다. 너무 억울하고 비참하고 서러웠다. 더 이상 일하고 싶은 생각이 없었다. 나는 사무실을 나서며 동업은 힘들겠다 얘기하고 다음 날 바로 폐업을 하게됐다.

잔금도 치기 전에 다시 팔아달란다

공인중개사 개업을 준비하면서 나는 수원에서 사전교육을 받게 되었다. 그 곳에서 내가 가장 어렸기 때문에 자진해서 손을 들어 사전교육의 회장이 되겠다 신청했다. 그러면서 자연스럽게 사무실을 오픈할 예비 사장님들과 친하게 지낼 수 있었다. 거의 대다수의 인원이 아파트 거래를 중점적으로 하실 사장님들이었고 나는 경기도 화성에서 땅을 중개할 것이라고 광고하고 다녔다. 나중에 개업하시고 토지가 필요할 때 주저하지 말고 전화달라는 식의 말을 건넸다. 사전교육이 마무리 되고, 나는 자격증을 걸고 부동산 사무실을 오픈했다. 며칠이 지나 작은 토지가 매물로 나왔다. 사전교육에서 친하게 지냈던 사장님에게 전화를 걸었다.

"여보세요? 사장님이세요?"

"네. 용남씨가 어쩐 일이세요?"

"제가 경기도 화성에 사무실을 오픈했는데 아주 괜찮은 땅이 하나 나와 가지고요"

"아~ 그래요? 그럼 한번 가봐야지요"

그렇게 우리는 약속을 잡고 함께 토지임장을 마쳤다. 토지를 본 사장님은 맘에 든다며 계약하기를 희망하셨다. 계약을 하고 한 달 정도가 지나 잔금을 치면 거래가 종료되는 식이었다. 그런데 어느 날 그 매수자 사장님에게서 전화가 걸려왔다.

"네. 매수자 사장님이세요? 어쩐 일로 전화하셨나요?"

"용남씨 부탁이 있는데요~"

"뭔지 말씀해 보세요."

"그 땅을 다시 팔고 싶은데 어떻게 방법이 없을까요?"

"네? 뭐라구요? 다시 판다구요? 아직 잔금도 치지 않은 상황인데 어떻게 다시 팔죠?"

"무슨 방법이 없을까요?"

"네. 방법 없습니다. 잔금도 안치고 등기도 안쳤는데 어떻게 다시 파나요? 말도 안되죠?"

"네. 알겠습니다."

그렇게 통화를 마쳤다. 이제 계약금만 걸어놓은 상태에서 다시 팔아달라니 속으로 생각했다.

'뭐 이런 또라이가 다 있나?'라고 말이다. 며칠이 지나 그 사장님에게서 전화가 걸려 왔다.

"여보세요. 용남씨 그럼 사정에 의해서 등기 칠 사람만 변경할 수 있을까요?"

"아~ 네. 그건 걱정하지 않으셔도 됩니다. 제가 얘기해서 등기 칠 사람만 틀리다고 얘기해 놓을게요"

"네. 그것만 부탁드립니다."

그 때 당시에는 사람말을 있는 그대로 믿었던 것 같다. 20대 중반의 어린 나이였기에 아직 일을 정확히 파악하지 못한 상태에서 진정 사정에 의해서 잔금 칠 사람만 다르게 되는 것이라고 생각했다. 그리고 잔금 날이 되었다. 그 매수자 사장님과 나이 지긋한 어르신이 함께 사무실로 들어왔다. 지금 생각하면 그 상황이 이해가 가지만 그 시절 그 어린 나이 때는 아무런 의심도 하지 않았던 것 같다. 매수자 사장님은 그 어르신이 친척이라고 얘기했고 나는 진짜 그분이 친척인줄로만 생각했으니 어리긴 많이 어렸던 것 같다. 그 어르신은 사무실에 들어와 계약을 하고 사무실을 나갈 때까지 아무 말도 하지 않으셨다. 그렇게 잔금이 마무리 되었다. 중개 수수료를 받아야 했기에 사장님에게 수수료를 청구했다.

그러자 그 사장님은 의미심장한 한 마디를 건넸다.

"용남씨!~ 용남씨 덕분에 돈 벌었네요. 수수료 넣어놨으니 또 다른 땅 나오면 얘기해 주세요."

"좋은 땅 사신 거에요"

그랬다. 난 끝까지 그 상황을 이해하지 못하고 있었다. 그런데 이 일을 주위 부동산 사장님들에게 얘기했더니 충격적인 말을 하셨다.

"용남씨! 그거 다시 판 거에요"

"네? 어떻게 다시 팔죠?"

"친척이라는 사람 한 마디도 안했다면서요? 용남씨 덕분에 돈 벌었다면서요?"

"네. 그랬죠."

"다 아는 척하면서 한번 물어 보세요"

"네. 알겠습니다."

난 사무실로 돌아와 그 매수자 사장님에게 전화를 걸었다.

"사장님! 저번에 그런 물건이 또 나왔는데 어떻게 하실래요?"

"그럼 당연히 내려가야지요."

"근데 궁금한게 있는데 그 전에 등기치신 분이 진짜 친척분이세요?"

"하하 용남씨 다 알면서 왜 그래요?"

도대체 내가 뭘 다 안다는 건지 이해할 수 없었다. 순간 등에서 식은땀이 흘러 내렸다.

"그럼 그 분은 누구세요?"

"나도 모르죠. 그냥 땅이 필요하신 분 같애요."

그렇게 통화를 마치고 잠깐 멍하니 앉아있었던 것 같다. 정말 당황스러웠고 이렇게 부동산 시장이구나 라는 생각을 하게 된 사건이었다.

이 분이 지금 뭐라고 하시는 거지?

기가 막힌 땅이 나왔다. 나는 바로 아는 지인을 불러 땅을 보여줘야겠다고 생각했다.

그 땅은 평수도 200평으로 아담한 사이즈에 일반 주거지역의 토지였고 도로 또한 2차선이 예정되어 있으며, 현재 6m 도로에 접해 있는 토지였다. 지목이 전이였기 때문에 현장도 도로와 평탄한 상태였고 건물을 짓는다 해도 토목 공사량이 별로 없어 보이는 땅이었다. 아는 지인을 불러 현장으로 함께 갔다. 지번을 먼저 불러드렸고 아는 지인은 벌써 서류상으로 토지를 검토하고 현장으로 오셨다. 현장에서 아는 지인은 나에게 문의를 한다.

"이 땅 주거지역인데 언제 주거지역으로 지정 됐는지 아시나요?"

"글쎄 그것까지는 잘 모르겠는데요"

"제가 알아보니 83년 이전에 주거지역 지정된거면 농지보전부담금이 면제 라던데요?"

이 사람이 지금 뭐라고 하는 거지? 농지보전부담금이 뭐지? 그래도 모른 다고 할 수는 없는 일이다.

"아마도 그전에 주거지역 지정이 됐을 겁니다."

나는 알지 못했다. 그래도 아는 척을 해야 했기에 대충 답변을 했다. 또 질문을 하셨다.

"그럼 전용시에 국고세금이 면제되는 건가요?"

이 사람이 도대체 뭐라고 하는 건지...

"아마도 그럴 겁니다."

나는 그냥 그럴 거라고 대답을 해 버렸다. 지금은 이해하고 있지만 농지를 전용할 시에 국가에 납부하는 세금을 가리켜 농지보전부담금이라 하는데 그

세금이 전용 시 몇천만원 정도가 나오기 때문에 그 금액이 면제되는 건 굉장한 메리트를 가지고 있는 땅이 되는 것이다. 나는 그저 아는 지인이 묻는 말들에 모두 그럴 것이다 라고 대답해버렸다. 그 당시 개발행위허가에 대한 내용을 전혀 모르고 있었기에 그리 어렵지 않게 대답을 해 버린 것 같다. 나의 대답을 들은 매수자는 무슨 이유에서인지 굉장히 좋아하고 있었지만 나는 이 사람이 왜 좋아하는지 조차도 이해하지 못하고 있었다.

"그게 사실이라면 지금 당장 계약하고 싶습니다."

"사장님 말씀이 다 맞는 것 같습니다. 바로 계약 하시죠"

일단 계약을 해야 내가 돈을 벌 수 있었다. 그렇게 계약을 하게 되었고 계약 이후 불안한 마음에 언제 주거지역으로 지정됐는지를 알아보니 83년도 이전에 주거지역으로 지정 되어서 전용 시 국고세금을 납부할 필요가 없다는 사실을 알게 되었다. 이때 느낀 것이 하나 있다. 땅을 보러 오는 매수자는 이미 아주 유효한 정보를 가지고 오기에 거의 틀린 정보가 아니라는 것. 매수자의 말에 적극 동의해주면 된다는 것을 자연스레 알게 된 것이다. 이러한 일들이 자꾸 반복적으로 일어나다 보니 공부를 해야겠다는 생각을 하였고 매일 매일 네이버 검색을 통해 공부를 하기 시작했다.

임야를 폭파했다. 그리고 45억을 벌었다

발상의 전환은 어마어마한 이득으로 만들어지게 되는 듯하다. 부동산 일을 배우면서 신기한 장면을 목격하게 되었다. 나는 동네를 돌며 현장 구경을 하곤 했다. 하루는 차를 타고 현장으로 향했다. 나무를 심고 있는 현장이었다. 그때는 왜 나무를 심고 있는지 이유를 알지 못했다. 나중에 든 생각이지만 소름이 끼쳤다고 해야 할 것 같다. 결론부터 얘기하면 이렇다. 임야를 불법전용하게 되면 불법전용에 따른 벌금을 내야하고 원상복구를 해야 한다. 그런데 임야를 원상복구 하는 것은 나무를 심는 일이다. 임야는 허가가 나지 않기에 불법전용 즉, 산림훼손을 하였고, 이 사실이 시청에 발각되어 원상복구를 하게 된 것이다. 그 당시 인근에서 들었던 이야기가 생각 난다.

"다이나마이트 준비 됐어?"

"동네 한복판에서 터뜨리면 다 놀랄텐데 괜찮을까?"

"어차피 벌금 낼 거니까 그냥 터뜨리면 돼"

"그래 알았어."

인근 부동산 사무실에서 오고 갔던 대화 내용이다. 도대체 무슨 말을 하고 있는 건지 이해할 수 없었다. 물론 어디까지나 나의 추측이지만 정말 놀라지 않을 수 없었다. 지금 토지개발이 무엇인지 이해하게 되면서 이런 생각이 들었다. 임야의 경사도가 높으면 허가를 득할 수 없다. 그런데 만약 경사도가 없다면 허가를 낼 수 있다는 것이다. 순간 번쩍하고 생각이 드는 사람이 있다면 토지개발이 적성에 맞는 사람이다. 무조건 토지개발을 해야 할 것이다. 허가가 나지 않는 임야를 경사도를 낮출 수만 있다면 나무를 심고 원상복구한 뒤에 공장으로 인·허가를 득하여 어마어마한 이득을 가져올 수 있다. 바로 이것이다. 공사된 임야에 나무를 심고 있었던 것이다. 얼마 지나지 않아 그 토지는 공장부지로 변하게 되었고 실제로 공장이 입점하여 현재 공장을 운영 중이다. 정말 놀라지 않을 수 없었다. 발상의 전환이라 할까? 정말 대단하다고만 생각이 든다. 이론적으로는 모두 생각할 수 있는 일이지만 그런 행동을 내가 목격했다는 것도 정말 굉장한 일이고 내가 생각해 볼 때 그 당시 인·허가를 득할 수 없는 임야의 시세는 평당 10만원 정도였고 공장부지로 탈바꿈 하게 되면 평당 100만원을 호가 하고 있었기 때문에 그 사람들은 그러한 일로 얼마의 수익을 벌었을 지가 예상이 되었다. 숫자적으로 계산해 본다면 임야의 평수는 5천평에 10만원짜리가 100만원이 되었다고 가정하면 그 일로 인하여 평당 90만원의 수익이 생겼단 얘기다. 금액으로 45억? 45억을 벌었을 것이다. 물론 그 당시의 토지시장에서는 일어날 수 있는 현장 상황이었지만 시간이 많이 지난 지금은 감히 생각하지도 못하는 일이 벌어졌고 목격하게 된 것이다. 그 누가 높은 임야를 경사도를 낮추어 인·허가를 받을 생각을 한단 말인가? 정말 놀라지 않을 수 없다. 그때부터 난 어려운 상황이 닥치면 그 상황을 내가 이겨낼 수 있는 방법을 스스로 찾게 된 것 같다.

계약 했는데 가처분이 들어왔다. 이제 어떡하지?

한창 토지를 배울때에는 "좋은 땅을 가지고 있으면 왕"이다. 라는 말이 떠도는 시장이었던 것 같다. 정말 좋은 위치에 공장으로 인·허가를 득할 수 있는 임야를 보게 됐다. 주인을 수소문하자 소유자는 강남에 거주중인 것으로 파악이 됐다. 우리가 아는 것은 그 소유자의 주소뿐이었다. 이런 것을 소위 말하는 '땅 작업을 한다.' 라고 표현하는데 좋은 땅을 먼저 보고 등기부를 열람 한 뒤에 주소지로 매수 의향 우편을 보내게 된다. 이렇게 하면 그 때 당시에는 백이면 백 연락이 오곤 했다. 전화가 걸려 왔다.

"여보세요? 00번지 소유자 되는데요. 우편을 보내셨더라구요?"

"네. 제가 보냈습니다."

"얼마에 매입하시려고 하시나요?"

"제가 살려고 하는게 아니구요. 제가 아는 지인이 땅을 좋게 보고 계셔서 혹시 매도할 의향이 있으신지 물어본 겁니다."

"그러시군요. 얼마에 매입하시려고 하시나요?"

"제가 아는 지인은 평당 30만원 정도를 생각하고 계십니다."

"그렇군요. 저도 좀 생각해보고 연락을 드리겠습니다."

그렇게 통화를 마쳤다. 이제 남은 일은 전화를 기다리는 것이다. 실제로 평당 30만원에 그 토지를 매입할 의향이 있는 사람이 있었다. 물론 땅을 보여주지는 않았지만 3천평 정도에 공장을 짓고 싶어하는 매수자들이 많이 있었기에 일단 물건 작업부터 진행하게 된 것이다. 얼마 지나지 않아 강남에서 전화가 걸려왔다.

"네. 여보세요. 땅 주인입니다."

"네. 생각 좀 해보셨나요?"

"그럼 매매하겠습니다. 3천평에 평당 30만원 9억이네요. 그런데 제가 거동이 불편하니 이쪽으로 오셔서 계약을 했으면 합니다. 또한 계약금은 1억을 주시고요. 현찰로 주셨으면 좋겠습니다."

"네. 저희가 서울로 가겠습니다. 그리고 계약금도 현찰로 준비하겠습니다."

그렇게 통화를 마치고 우리는 그 토지를 매수할 사람을 찾기 시작했다. 그 당시 공장허가를 낼 수 있는 임야의 시세는 평당 40만원 정도 하고 있었기 때문에 평당 30만원이라는 금액은 모두를 흥분시키기에 충분한 금액이었다. 우리는 비교적 빠르게 토지를 매수 할 사람을 찾을 수 있었다. 계약금은 현찰로 준비해주길 부탁했기 때문에 난 어린 나이에 돈다발을 구경할 수 있었다. 우리는 계약금을 준비해서 서울 강남으로 향했다. 카페에서 매도인을 보게 되었는데 모습은 꽤 중후한 느낌의 나이 지긋한 어르신이었다.

"매도인 OO 되시나요? 안녕하세요. 저는 통화했던 중개업자입니다. 먼저 신분을 확인하기 위해 신분증 좀 보여 주셨으면 좋겠습니다."

나는 매도인의 신분을 확인하였고, 등기부상의 소유자와 정확히 일치하고 있었다.

"이제 계약하시죠"

"네. 그렇게 하시죠."

우리는 준비한 계약금을 건네고 계약서 작성이 마무리 되었다. 그렇게 우리는 잔금 날짜를 정했다. 당시 그 계약건으로 내가 받을 중개수수료는 꽤 많은 금액이었기에 흥분을 가라앉히기 힘든 상황이었다. 올라오는 감정을 죽이며 차분하게 매수자를 모시고 사무실로 돌아왔다. 고생하셨다는 인사와 함께 매수자와도 헤어졌다.

잔금날짜를 기다리면 되는 것이다 라고 생각하고 있을 즈음 전화가 걸려왔다. 매수자 분이셨다.

"중개사님 등기부에 가처분이 들어왔는데 어떻게 된 거죠?"

"네. 가처분이요? 그럴리가요. 제가 확인해 보겠습니다."

난 다급한 마음으로 등기부를 열람하기 시작했다. 등기부를 열람하자 이게 웬일인가? 가처분 등기가 되어 있는 것이다. 순간 얼음처럼 몸이 굳어버리는 걸 느낄 수 있었다. 한참을 멍하니 등기부를 쳐다보다 매도인에게 전화를 걸었다.

"아! 네. 사장님 안녕하셨어요?"

"아이고 중개사님이 어쩐 일이신가요?"

"확인할게 있어서요. 혹시 등기부에 가처분 된 것 알고 계시나요?"

"가처분이요? 그게 무슨 말씀이신가요?"

땅 주인도 모르는 눈치였다.

"사장님 땅에 가처분이 되어 있습니다. 이 가처분 등기가 들어오게 되면 매매를 진행할 수 없습니다. 등기부 확인하시고 처리좀 부탁드리겠습니다."

"네. 알겠습니다."

그렇게 통화를 끝내고 나는 매도인의 연락을 기다리고 있었다. 기다리던 그 시간이 왜 그리도 길게만 느껴지는지 중개업을 해 본 사람들이라면 충분히 이해가 될 것이다. 3일이 지나 매도인으로부터 전화가 걸려왔다.

"안녕하세요. 중개사님 땅 주인 00입니다."

"네. 어떻게 된 건지 설명 좀 부탁드리겠습니다."

"사실은 일전에 땅을 매매했었는데 잔금날짜에 잔금을 주지 않길래 계약 취소 통보를 했고 당연히 계약이 무효가 된 줄 알고 계약을 한 건데 그전 매수자가 가처분 등기를 했더라고요"

"아~ 그럼 어떻게 되는 건가요?"

"제가 그 사람 만나서 계약금 돌려주고 계약을 파기하고 가처분 등기도 말소하도록 하겠습니다."

"아! 네. 알겠습니다. 처리 좀 부탁드립니다."

일단 다행이라는 맘으로 통화를 마쳤다. 이제 매도인 말대로 가처분 등기가 말소되기만을 기다리면 된다. 그런데 일주일이 지나도 보름이 지나도 말소는 커녕 매도인은 연락도 되지 않았다. 뭔가가 잘못 됐다는 생각이 들었다. 매도인에게 전화를 걸었다

"아! 사장님 안녕하셨어요? 일전에 얘기하셨던 가처분등기는 어떻게 되는 건가요? 연락도 없으시고 해서요"

"일단 죄송합니다. 가처분 등기를 하신 사람을 만났는데 자기는 계약을 취소할 의향이 전혀 없다고 하네요. 허가를 득 하면 잔금을 주기로 되어 있기에 자기는 계약 위반한 사실이 없다고 하네요"

"네? 그럼 어떻게 되는 건가요?"

"일단 전 그런 적 없다고 얘기하고 있는데 대화가 잘 되지 않습니다. 아무래도 소송을 해야 할 듯합니다."

"네? 뭐라구요? 그럼 우리 계약은 어떻게 하나요?"

"소송 끝나기 전까지는 뭐라고 드릴 말씀이 없을 듯 합니다."

그렇게 통화를 끝냈다. 내 머릿속은 이제 어떡하지 라는 생각으로 멘붕 상태가 되었다. 우리는 2년의 세월을 기다렸고 아주 헐값에 그 토지를 매입할 수 있게 되었다.

결론은 아주 메리트 있는 금액으로 토지를 매입하게 된 결과이지만 그 결론이 날 때 까지의 2년 동안은 정말 마음 불편한 시간을 보냈던 것 같다. 중개업을 하면서 정말 신기할 정도의 큰 경험을 하게 된 것 같다.

잔금날이 지나도 매도인이 연락이 되질 않는다

한창 땅을 구하고 다니던 중 좋은 땅을 발견했다. 그 때만 해도 좋은 땅은 그냥 금액이 저렴한 땅이 좋은 땅이라고 생각했다. 마을 안쪽의 작은 농지였는데 금액이 꽤 저렴했기 때문에 아주 좋은 땅이라고 생각했다. 아는 지인에게 전화를 걸어 좋은 땅이 나왔다며 매수하길 권했다.

"여보세요. 좋은 땅이 하나 나왔습니다. 평수는 200평이고 평당 금액이 50만원에 1억짜리 땅이 나왔습니다. 시골지역에 이렇게 적은 평수는 나오기 힘들기 때문에 얼른 오셔야 할 듯합니다."

"네. 알겠습니다. 바로 가겠습니다."

그렇게 며칠이 지나 그 사장님이 사무실로 오셨다. 땅을 보는 매수자도 꽤 맘에 들어 하는 눈치였다. 우리는 그 땅을 계약하기로 결정했다. 이제 매도인에게 전화를 걸어 계약 약속을 해야 한다. 매도인에게 전화를 걸었다.

"네. 여보세요 00사모님 계시나요?:"

"전데 누구시죠?"

"안녕하셨어요? 일전에 땅 매도해 달라고 들리셨던 부동산입니다. 땅을 매수할 매수자가 있어서 전화드렸습니다."

"아! 그러시군요. 그럼 당연히 계약 해야지요"

"그런데 땅 주인이 남편분으로 명의가 되어 있는데 계약날 남편분이 오실 수 있나요?"

"그건 힘들 듯 합니다. 일 때문에 바빠서요. 대신 제가 위임장이랑 도장 챙겨서 가겠습니다."

"아! 네. 알겠습니다. 그럼 내일 00시에 뵙겠습니다."

그렇게 우리는 계약 약속을 잡았고 남편 대신 사모님이 대리 계약하는 약속을 하게 되었다. 다음날 우리는 계약서를 작성했고 잔금날짜를 정했다.

"사모님! 잔금때는 남편분이 한번 나오셔야 합니다."

"네. 알겠습니다."

잔금 날짜가 얼마 남지 않아 매도인에게 전화를 걸었다. 그런데 이 매도인 사모님이 전화를 받지 않는다. 하루 이틀 연락이 되질 않기에 뭐 바쁜 일이 있으셔서 그러실 거라 생각했다. 보통의 경우 땅값을 지불하는 매수자가 연락이 되지 않을 수도 있지만 돈을 받아가는 매도인이 연락이 되지 않을 수 있다는 생각은 전혀 해보지 않았기 때문에 크게 염려하지는 않았다. 그런데 잔금 날짜가 다 될 때까지 매도인이 연락이 되지 않는다. 나는 속으로 생각했다.

'뭐지? 왜 연락이 안 되는 거지? 혹시 사고난 건 아닌가?'

이런 생각이 들면서 나의 불안한 마음은 커져만 갔다. 잔금 날짜가 되었다. 매도인은 연락이 되질 않았다. 매수자에게 뭐라고 얘기해야 할지 모르겠다. 매수인에게 매도인이 연락이 안되서 잔금을 칠 수가 없다는 말을 차마 할 수가 없었다. 매수자에게는 매도인이 사정이 있어 잔금 날짜를 좀 미루자고 얘기한 상태였고 어떻게든 나는 이 매도인과 연락해야만 했다. 등기부를 열람하여 집주소를 확인했다. 우연인지 몰라도 그 매도인의 집 주소는 우리 집 옆에 있는 아파트 단지였다. 난 퇴근을 하고 집으로 가봐야겠다는 생각을 하게 됐다. 해서 그날은 퇴근하자마자 매도인의 주소지 아파트로 갔다. 하지만 동, 호수를 알아도 현관을 통과하기 힘들었다. 현관 비밀번호를 모르기에 동, 호수를 알면서도 집에 찾아갈 수 없었다. 어떻게 하면 될까? 순간 경비실에 가서 연락 좀 해달라고 부탁을 하자 라는 생각을 했다. 그 길로 경비실로 향했다. 여차저차 상황설명을 한 뒤 인터폰을 하기 시작했다. 그런데, 아무리 연락을 해도 인터폰을 받지 않았다. 정말 난감한 상황이었다. 집에 찾아와서 연락을 해도 연락이 되지 않으니 도무지 방법을 찾을 수 없었다. 뭐 이런 난감한 상황이 생길 줄은 꿈에도 생각하지 못했다. 중개업을 하는 사람들이라면 한 번 생각해 봤으면 한다. 계약을 한 매도인이 계약금을 받고 연락이 되지 않는다면 여러분은 어떻게 할 것인가를 말이다. 그렇게 내가 할 수 있는 방법을 총 동원해서 연락을 시도 했지만 연락을 할 수가 없었다. 솔직히 그때의 심정은 매수자에게 어떻게 얘기해야 할지가 너무 걱정이었다. 하루 하루가 지옥이었다고 생각하면 될 것이다. 점심을 먹으러 가도 머릿속에는 온통 그 매도인 생각 뿐 이었으니 밥이 입으로 들어가는지 조차 생각하지 못했다. 한참을 고민하고 있을 때 쯤 매도인 사모님에게 전화가 걸려왔다.

"여보세요? 사모님이세요?"

"네. 안녕하셨어요?"

"사모님 도대체 어떻게 되신 건가요? 계약 취소하고 싶으면 전화를 하시면 돼지. 이거 정말 너무하시는 거 아닌가요?"

나는 흥분해서 얘기했다.

"사실은 제가 재혼을 했는데 남편 명의의 땅이거든요. 그래서 그냥 제가 팔면 나중에 어쩔 수 없이 동의해 줄 거라고 생각했는데 남편이 설득이 되질 않네요."

"그럼 그렇다고 얘기를 하면 돼지 왜 연락은 안 받으시나요?"

"남편 설득하고 전화하려고 했지요. 암튼 죄송합니다."

"아이고 그럼 계약은 힘드신 거죠? 제가 매수자께는 잘 얘기할 테니 받으신 계약금 돌려주시기만 하면 없던 일로 하겠습니다. 계좌 드릴테니 입금 바랍니다."

"네. 그렇게 하겠습니다."

난 이 상황을 매수자에게 설명하였고 계좌를 받게 되었다. 그리고 매도인 사모님에게 입금을 요구하였다. 몇 분이 지나지 않아 계약금이 입금되었고 그렇게 그 계약은 물거품이 되었다.

이 일로 계약자가 연락이 되지 않으면 정말 난감한 상황이 된다는 것을 경험적으로 알게 되었다. 이후 계약서 작성시 꼭 추가 연락처를 하나 더 받게 되었다.

제조장 허가날 수 있다고 땅을 팔았는데 허가낼 수 없다고 한다

옛날 화성시 토지시장의 분위기는 개발행위허가를 쉽게 받을 수 없었다. 일정 규모가 되면 더 이상 허가가 나지 않는 개발행위허가의 규제 즉, 연접이라는 제한이 있었기 때문이다. 그러다 보니 어떤 토지가 허가를 득할 수 있다고 하면 땅을 보지도 않고 매입하는 분위기가 만들어졌고 허가 여부에 따라 거래되는 토지와 되지 않는 토지가 분류될 정도였다. 그렇게 여느 날과 같이 토지를 고르고 있던 도중 작은 임야였지만 도로에 접해 있었고, 그 지역 개발행위허가 규모가 남아 있었기에 연접에 걸리지 않아 제조장으로 인·허가를 득할 수 있다는 얘기를 토목사무실을 통해 들을 수 있었다. 마치 산삼을 발견한 듯 우리는 흥분하게 되었고 그 즉시 아는 지인에게 전화를 걸었다.

"네. 사장님 허가 날 수 있는 땅을 찾았습니다. 연접에 걸리지 않아 제조장으로 허가를 득할 수 있을 것 같습니다."

"그래요? 바로 내려가겠습니다."

한시간 만에 매수자는 사무실에 도착했다. 그리고 토지를 보러 갔다. 토지를 바라보며 설명을 들은 매수자는 바로 계약하겠다는 의사 표시를 했다. 우리는 그 토지의 계약 날짜를 잡았고 한 달이 지나 잔금을 치르고 등기접수를 하게 되었다. 이제 개발행위허가를 득 하면 되는 것이다. 우리는 토목사무실을 지정하여 허가 접수를 하였고 이제 시간이 지나 제조장으로 허가를 득 하면 공장을 지을 수 있었다. 그런데 어느날 토목사무실로 부터 전화가 걸려왔다. 그때 당시의 내 직함은 이사였기 때문에 이제 나를 김 이사로 지칭하게 된다.

"김 이사! 이거 허가 안날 거 같은데"

"뭐라구요? 허가가 안 나다니요? 땅 사기 전에 물어 봤잖아요. 허가 날 수 있겠냐고"

"그때는 연접만 돌려서 허가를 낼 수 있는 규모 여부만 확인한 거지."

"왜 허가가 안나는 데요?"

"그 땅 배수로가 없어. 인근에 배수로가 있어야 하는데 배수로가 없네. 허가 득 하지 못할 거 같아"

"배수로요? 제가 현장가서 찾으면 되는 거죠?"

나는 부랴부랴 현장으로 향했다. 인근에는 물이 흐르는 수로가 존재했다. 토목사무실로 전화를 걸었다.

"형님! 여기 물길 있는데요?"

"아~ 그거 용수로야"

"용수로라니요? 그게 뭔데요? 여기로 조인하면 되잖아요."

"용수로는 농사를 짓기 위해 가까운 저수지에서 물을 공급해 주는 것이기 때문에 건물을 짓고 배수로로 사용할 수 없어. 용수로는 허가를 득할 수 없어"

"그래요? 좀 더 찾아볼게요."

그렇게 현장 주위를 둘러보기 시작했다. 제조장 허가가 난다고 땅을 사 드렸기 때문에 만약 허가를 득 하지 못하면 나는 사기꾼이 되는 것이라고 생각했다. 한참을 현장 주위를 살펴 보았다. 저 아래쪽 논 옆에 물길이 지나가는 걸 발견했다. 토목사무실로 전화를 걸었다.

"형님! 여기 물길이 있는데 확인 좀 해주실래요?"

"그래. 지번 불러 볼래?"

지적도를 찾아 지번을 불러 주었다.

"어 맞아! 이거 배수로로 활용할 수 있겠는데, 근데 남의 땅을 지나서 있기 때문에 그 땅 주인에게 배수연결 동의서를 받아와야 할 거 같은데 가능하겠어?"

"제가 받아올게요."

나는 무조건 받아오겠다며 말을 건넸다. 그리고 나서 그 토지의 등기부를 열람하여 소유자의 주소지를 확인했다. 그 동네에 거주하는 어른신이었다. 동네 수소문 끝에 그 어르신이 낙지를 좋아하신다는걸 알게 되었다. 시장에 가 바로 낙지와 소주 한 병을 사서 들고 어르신댁으로 향했다.

"누구 계세요?"

"누구세요?"

나즈막히 어르신의 음성이 들려왔다. 아마도 그 땅 주인인 것으로 보인다.

"안녕하세요? 혹시 저 위에 땅 소유자 되시나요?"

"그렇긴 한데 누구신지요?"

"그 윗 땅 주인인데요. 조그맣게 창고하나 지으려고 하는데 배수연결을 하려다 보니 어르신 땅이 걸려서 동의서 좀 받으러 왔습니다."

"네. 잠깐 들어오세요."

그렇게 집안으로 들어가게 되었고 어르신이 좋아하는 낙지와 소주를 사왔다며 금방 요리할테니 잠깐 앉아계시라 얘기했다. 바로 한상을 차려 어르신에게 소주 한잔 따라 드렸다. 그리고 얘기했다.

"어르신 제가 조그맣게 창고 하나 지으려 하는데 동의서 좀 정말 부탁드리겠습니다."

"그게 명의만 내 명의지 실제 주인은 우리 아들이라서 물어봐야 하는데"

일단 어르신의 기분을 좋게 해 드리면 당연히 아들은 설득하실 거라 믿고 나는 어르신에게 약주를 따라 드리고 낙지를 초장에 찍어 다 드시게 했다.

"어르신 이제 그만 가보겠습니다. 아드님에게 얘기 잘 좀 부탁드립니다."

"한번 얘기해볼게요."

며칠이 지나 어르신에게 전화를 걸었다.

"안녕하세요? 어르신 얘기 좀 해보셨나요?"

"아들한테 얘기해 봤는데 절대 해주지 말라는데 어떡하지?"

"네? 잘 좀 얘기해주시면 안되나요? 어르신에게 피해가는 일은 전혀 없을 겁니다."

"우리 아들이 절대 해 주지 말라네. 미안 하네 못해 줄 거 같네"

한참을 설득하고 설득해도 돌아오는 말은 해줄 수 없다는 말이었다. 화가 머리끝까지 치밀어 올랐다. 이럴 거면 낙지는 왜 먹고 소주는 왜 받아 드신 건지 욕이라도 하고 싶은 마음이었지만 동네 어르신이었기에 차마 그럴 수는 없었다. 그렇게 인근 배수 연결 시 필요한 배수연결 동의서를 결국 받지 못했고 현장에 들려 다시 물길을 찾기 시작했다. 아무리 찾아도 토지 인근에는 더 이상의 물길이 없었다. 그렇게 포기하려는 순간 전화가 왔다.

"김 이사! 내가 지적도를 잘 살펴보았는데 현장에서 200m 떨어진 곳에 배수로가 있어 이쪽으로 허가를 낼 수 있을 것 같은데"

"그래요? 그럼 그리로 허가 내 주세요"

"근데 허가는 낼 수 있지만 추후에 배수로 공사가 될지는 나도 모르겠어. 왜냐하면 그 배수로로 가는 길이 너무 좁거든"

"걱정하지 마세요. 형님! 일단 무조건 허가 먼저 내 주세요. 공사는 제가 알아서 할게요"

그 말이 추후에 배수연결 공사를 할 때 경찰을 불러놓고 공사를 해야 하는 해프닝이 있었지만 그 때 당시 나는 인・허가를 득 하는 것이 무엇보다 중요한 순간이었다. 그렇게 개발행위허가를 득할 수 있었다. 이 일로 인해 나는 알게 되었다. 개발행위허가를 득할 시 인근에 꼭 배수로가 있어야 한다는 사실을 말이다.

이렇게 하니까 땅값의 80%를 대출 해주는구나

나는 토지 중개업자이다. 토지중개를 하면서 너무 쉽게 매도되어지는 것을 보고 토지중개가 너무 쉽다는 생각을 하게 되었다. 그런 생각을 하게 된이유는 딱 한 가지다. 그 이유는 토지를 매입하면서 은행 대출을 굉장히 많이 얻을 수 있다는 것이다. 이런 얘기를 하면 많은 토지투자자들은 쉽게 이해하지 못하는데 왜냐하면 토지를 매입하면서 실제로 대출을 얻어 진행해보았기 때문이다. 하지만 사람들이 간과하고 있는 것이 한 가지 있다. 그것은 토지를 매입하면서 매도인의 토지사용 승낙서를 통하여 매수인 앞으로인 · 허가를 득 하면 감정가가 굉장히 높아진다는 것이고 실제로 매매가의 80%까지도 대출을 얻을 수 있다는 사실이다. 물론 지금은 대출을 얻을 때받을 수 있는 담보율이 감정가의 70%라고 정해져 있기 때문에 실제 거래가의 80%까지 대출을 얻기에는 쉽지 않을 것이다. 한창 토지중개업을 영위할때만 해도 굉장히 높은 대출을 얻을 수 있었기 때문에 아주 적은 현금으로도토지를 매입할 수 있었다. 예를 들어 2억짜리 토지가 있다고 가정한다면 개발행위허가를 득 하게 되면 실제 매매가 2억에서 80%인 1억 6천만원 대출을 얻을 수 있었다는 얘기다. 이는 아주 적은 현금으로의 투자가 이루어 질수 있기 때문에 토지에 투자하려 하는 사람들로 하여금 아주 좋은 투자의 수단이 되었다는 얘기다. 그런데 이 사실을 알고 있는 사람들은 매우 극소수였다는 것이고 이 방법을 알고 있었기 때문에 나는 어린 나이임에도 불구하고많은 계약을 할 수 있었다. 나는 이 방법을 토지중개에서 꼭 사용하게 되었고 그렇게 하다 보니 특약사항으로 개발행위허가를 득 하는 조건으로 계약이 주로 이루어 졌다. 즉, 다시 말해서 개발행위허가를 득 하는 조건으로 두가지를 얻을 수 있다. 한 가지는 내가 매입하려는 토지가 인 · 허가를 득할 수 있는 토지라면 잔금을 치르고 매입하는 것이기 때문에 투자의 입장에서 매우 안전한 투자가 이루어진다는 것이고, 또 다른 한 가지는 개발행위허가를 득 하게 되기 때문에 매수자로 하여금 투자금액을 최소화할 수 있어서 극강의 수익률을 기대할 수 있게 되는 것이다. 이렇듯 토지 계약에서의 개발행위허가는 매우 중요한 투자의 수단이 된다는 것을 꼭 유념해야 할 것이다.

길이 구거라고 한다. 길로 사용할 수 없다고?

나는 여느 날과 같이 토지 물건을 알아보는 중이었다. 그러던 중 마을 안쪽의 네모 반듯한 토지를 발견하게 되었다. 바로 아는 지인에게 전화를 걸었다.

"사장님 안녕하세요? 네모 반듯하게 생긴 아주 좋은 땅이 나와서 전화 드렸습니다. 한번 보시지 않으실래요?

"몇 평에 얼마인데요?"

"300평 정도이고 평당 40만원 입니다."

"네. 바로 가겠습니다."

다음 날 그 사장님은 사무실로 오셨다. 매가는 1억 2천인데 개발행위허가를 득 하게 되면 약 1억원의 대출을 얻을 수 있다는 브리핑을 해드렸다. 물론 허가비용과 등기비는 따로 지출이 이루어져야 한다. 한참 브리핑을 듣던 매수자는 토지를 보게 되었고 계약하기로 의사결정을 하셨다. 나는 적은 현금과 안전한 투자가 되어야 한다는 걸 강조하면서 개발행위허가를 득 하는 조건으로 권유하여 계약이 성사되었다. 즉시 우리는 매도인의 토지사용 승낙서를 받아 매수자의 이름으로 개발행위허가를 신청하였고 이제 잔금 칠 날만을 기다리고 있었다. 그런데 한 일주일쯤 지나 토목사무실에서 전화가 걸려왔다.

"김 이사! 이거 허가 안 날 것 같은데"

"네? 허가 안 난다고요? 무슨 문제가 있는데요?"

"그게 그 토지로 들어가는 길이 지목상 구거이기 때문에 진입로 허가를 받아야 하는데 담당기관에서 허가를 내 줄 수 없다고 하네."

"담당 기관이요?"

"응. 보통 구거는 농·어촌 공사에서 관리하는데 길로 사용하는 허가 목적 외 허가를 내줄 수 없다고 얘기 하네"

"아니 현장이 이미 길로 사용하고 있는데 왜 길로 사용하지 못하게 하나요?"

길로 사용하지 못하는 이유는 날 당황시키기에 충분했다.

이유는 인근에 저수지가 있어 만약 비라도 많이 내려 홍수가 발생하면 그 길이 물에 잠겨 길로 쓸 수 없다는 것이다.

"형님 그게 이유가 되는 건가요? 홍수가 날지 안 날지 어떻게 안다고?"

"일단 방침이 그렇데. 물론 안 일어 날 수도 있지만 반대로 그런 상황이 일어 날 수도 있으니까. 공무원 입장에서는 절대 처리 해 줄 수 없다고 얘기 하는 것 같애"

그랬다. 결국 우리는 이러한 이유에서 인·허가를 득할 수 없었다. 이와 같이 제약된 개발행위허가가 기능한이 도무지무 일에 포의하있고 빌볼게 없을 것 같다는 말을 들었음에도 불구하고 실제로 허가를 득 하지 못하게 된 것이다. 이런 경험을 하다 보니 개발행위허가는 무조건 득할 수 있다는 생각을 하지 않는다. 그래서 가끔 인·허가여부와 상관없이 계약을 진행하자고 하면 개발행위허가를 득 하는 조건으로 계약하지 않을 경우에는 계약을 진행하지 않게 되었다.

철탑 옆으로 공장 부지를 중개했다

토지중개를 하다 보면 팔기 어려운 물건이 있기 마련이다. 그 중에서도 최악의 조건이라 여겨지는 물건이 있다. 바로 철탑 옆 부지를 매매하는 것이다. 아주 저렴한 공장부지 물건이 있었다. 그 물건은 바로 철탑 옆 물건이었기에 사람들이 꺼려하는 물건이었다. 하지만 금액이 너무 저렴했고 그 물건을 중개하게 되면 버는 수수료 또한 많은 금액을 받을 수 있었다. 그렇다 보니 한번 중개해보자는 마음을 먹게 되었다. 사무실에 공장부지를 찾는 손님이 방문하셨다. 나는 있는 그대로를 설명 드렸다.

"사장님! 이 물건은 공장으로 허가를 득 하여 토목공사까지 완료된 물건입니다. 다만 부지 옆에 철탑이 있는데 제가 알기로는 철탑은 아무런 영향이 없는 걸로 알고 있습니다."

"정말 아무런 영향이 없나요? 전자파가 나와 사람들에게 유해하지 않나요?"

"그건 다 소문일 뿐입니다. 철탑에서는 전자파가 나오지 않습니다."

일단 확인되지 않은 사실을 인정해 버리면 중개할 수 없었기에 철탑에서는 전자파가 나오지 않는다며 얘기를 했다.

"건물의 높이에도 문제가 되지 않나요? 철탑이 있으면 건물도 높이 못 짓는다고 하던데요"

"네. 맞습니다. 아주 높은 건물을 짓기는 곤란합니다. 철선이 지나가고 있기에 건드리면 안 되는 거죠. 하지만 공장 건물 높이만큼은 아무런 문제도 되지 않습니다."

"아! 정말 그런가요? 한번 알아보겠습니다."

"네. 알아보시고 연락주시기 바랍니다."

그렇게 우리는 철탑 옆의 공장 부지를 보게 되었고 며칠이 지나 그 매수자로부터 연락이 왔다.

"사장님! 사장님 말씀이 맞네요. 제가 궁금해서 미국의 한 교수님에게 메일을 보냈었는데 전자파는 하나도 나오지 않는다고 하네요. 아무 문제없다고 합니다. 제가 그 부지를 매입 하겠습니다."

확신에 가득 찬 사장님은 본인이 부지를 매입하겠다는 의사표현을 하고 있었다. 솔직히 나도 반신반의 하고 있었던 사실이지만 매수자로 하여금 알게된 듯 하다. 철탑에서는 사람에게 유해한 어떤 물질도 나오지 않는다는 사실을 말이다. 이를 계기로 철탑 옆 물건을 보게 되면 아무런 문제가 없다는 걸 알기에 다른 시선으로 물건을 바라보지 않게 되었다.

계약파기를 부탁한 매도인이 매수인의 잔금 위반으로 계약해지 내용증명을 보냈다

지금 생각하면 정말 황당한 일이 아닐 수 없다. 토지 중개업자로 몇 년을 살다 보니 나에게 토지를 매입한 사람이 꽤 늘어나기 시작했다. 어느 날 토지를 구매한 사장님이 면담 신청을 하셨다. 내용은 지금 회사 사정이 힘들어져 구입했던 땅을 싸게라도 매도 의뢰를 하기 위해서 였다. 사정을 듣고 매도해 주겠노라 말씀드리며 매우 저렴한 금액으로 물건을 받게 되었다. 아는 지인에게 아주 좋은 물건이지만 그분의 사정상 급하게 매도하는 것이라 얘기했고, 저렴한 금액에 매도하는 것이니 매수하기를 적극 권유 드렸다. 매수자와 나는 현장을 향하였고 토지를 본 매수자는 계약 의사표시를 하시고 매매계약을 하게 됐다. 이제 한 달이 지나면 잔금을 치고 계약을 마무리 하면 된다. 그런데 계약한지 일주일쯤 지나 매도인에게 연락이 왔다.

"여보세요? 사장님 어쩐 일이신가요?"

"김 이사님! 드릴 말씀이 있는데 저희 사무실에 와 주실 수 있나요?"

"무슨 얘기시길래... 사무실로 가겠습니다."

전화를 끊고 사무실로 향하면서 어떤 말씀을 하실지를 생각해 보았다. 아무리 생각해도 무슨 말씀을 하실지 예상할 수 없었다.

"사장님! 무슨 말씀이신데 그러세요?"

"정말 미안하게 생각하는데 얼마전 했던 계약 그냥 없던 걸로 하면 안 될까요?"

"없던 걸로 하자구요?"

"제가 회사 사정상 급하게 매도하려고 한 건데 돈이 어느 정도 마련이 돼서 팔지 않아도 되는 상황이 됐어요. 정말 힘들게 산 땅인데 헐값에 매도하는게 영 불편해서 말이죠."

여러 가지 이야기를 듣고 나는 정말 안타깝다는 생각을 하게 됐다. 토지를 사게 해 준 입장이다 보니 그 매도인이 나를 통해 돈을 벌었다는 얘기도 듣고 싶었던거 같다. 난 어렵게 얘기를 꺼냈다.

"그럼 사장님 조금만 기다리시면 제가 좋은 금액으로 팔아 드리겠습니다. 조금만 기다려 주실 수 있나요?"

"네. 김 이사님 말씀대로 하겠습니다."

"네. 알겠습니다. 원래는 계약금 배액을 무셔야 하지만 제가 잘 얘기해서 그냥 없었던 일로 할 테니 계약금만 돌려주시면 됩니다."

"정말 감사합니다. 그렇게 하겠습니다."

그리고 나는 사무실로 돌아와 매수자에게 전화를 걸었다.

"사장님 정말 죄송합니다. 제가 땅주인분께 땅을 사드렸는데 손해 보시는

게 정말 안타까워서 돈도 일부 마련이 되셔서 땅을 안 팔아도 되신다 하는데 계약금만 돌려받으시고 없던 일로 하면 안 될까요? 제가 더 좋은 땅 구해드리겠습니다."

"아이고~ 이사님이 그렇게 얘기하시니 뭐라 드릴 말씀이 없네요. 그렇게 하시고 계좌드릴테니 그럼 계약금 돌려주세요. 이사님 말씀대로 하겠습니다."

"정말 감사드립니다. 그럼 계약금 바로 돌려 드리겠습니다."

그렇게 마무리 되는 듯 했다. 그런데 생각지도 않은 일이 벌어졌다. 매도인 사장님이 계약금을 송금하지 않으신다. 전화를 걸었다.

"사장님! 왜 계약금 송금하지 않으시나요?"

"아. 이사님! 지금 당장 제가 돈이 없어서 이틀만 있다가 입금하겠습니다."

"사장님! 이런 일은 빨리 마무리 짓는 게 좋습니다. 빠른 입금 부탁드립니다."

"네. 알겠습니다."

이틀이 지나 난 매수자에게 전화를 걸어 계약금 입금 여부를 물어보게 되었다.

그런데 아직 계약금이 입금되지 않았다고 한다. 정말 일 처리 하는 내가 조바심이 나는 듯 했다. 매도인 사장님에게 전화를 걸었다. 그런데 정말 황당한 일이 일어났다.

"사장님! 계약금 입금 안하시나요?"

"무슨 계약금이요?"

"무슨 계약금이라니요? 계약금 돌려주고 없던 일로 하자고 하셨잖아요."

"제가요? 제가 언제 그랬다는 거죠? 이제 며칠 있음 잔금인데 잔금 안 들어오면 계약 위반으로 계약 해지 하겠습니다."

"뭐라구요? 사장님 이러시면 안 되시죠~"

"제가 뭘 어쨌다는 얘기신지요. 지금은 바쁘니 오래 통화를 못하겠네요.

나중에 통화하시죠"

전화가 끊겼다. 잠깐 멍하니 앉아있었다. 속으로 그런 생각이 들었다.

'뭐 이런 자식이 다 있지? 아주 인간이길 포기했구만.'

정말 어이없는 상황이었다. 계약금 왜 안주냐는 매수자에게 뭐라고 말해야 할지 모르겠다.

어쩔 수 없이 난 매수인에게 자초지정을 설명 드렸다. 그러자 매수자도 미친놈이라고 욕을 해댄다. 잔금 날짜가 지나버렸다. 매도인에게서 계약 위반으로 계약금 몰수하겠다는 내용증명을 받게 되었다. 그 매수자는 잔금 준비를 하고 있었지만 계약 무효통보로 다른 곳에 잔금을 써서 잔금 칠 능력이 없게 된 것이다. 이 상황에서 매도인은 배 째라 식으로 나오고 계약해지 내용증명까지 보내다니 말이다. 정말 화가 머리끝까지 나는 상황이었지만 별다른 방법이 없었다. 그렇게 우리는 계약금 2천만원을 뜯기고 말았다. 지금도 그때 일을 생각하면 피가 거꾸로 솟는 느낌이랄까? 정말 세상에는 각기 각색의 사람들이 존재하는 것 같다. 이 때부터 난 일적인 통화내용을 녹음하는 버릇이 생기고 말았다.

농림지역 땅을 계획관리지역으로 풀었다

부동산 중개업을 하다 보니 인근에 중장비 사장님들이 가끔 놀러 오신다. 놀러 오시면 이런저런 얘기를 나누게 된다. 요 근처 땅이 얼마에 팔렸다든지 누가 뭘 해서 돈을 많이 벌었다든지 본인이 가지고 있는 땅이 있는데 어떻냐라든지. 그 사장님들을 통해 앉은 자리에서 많은 정보를 습득하곤 한다. 그러던 어느 날 인근에 지게차를 운행하는 사장님이 놀러 오셨다.

"사장님! 안녕하세요?"

"김 이사! 내가 땅이 하나 있는데 농림지역이야. 농림지역 땅들은 거의 안 풀리지?"

"거의 풀리기 힘들어요."

"그래도 2차선 도로변 토지인데 농림지역이 돼나서 무엇을 할 수가 없네"

"지번 한번 알려 주세요. 한번 봐 드릴게요."

"지번이 OOO이야 어때?"

"아~ 여기요?"

순간 번쩍하고 한 줄기 빛이 보였다. 책으로만 공부했던 내용을 실무에서 보게 될 줄이야.

놀라지 않을 수 없었다. 왜냐 하면 절대 농지이더라도 도로나 하천 등으로 농림지역이 분리되어 짜투리 농지가 되고 그 전체 면적이 20,000제곱미터 미만이 되면 시·도지사에게 건의하여 농림지역을 관리지역으로 풀 수 있는 조항이 있었던 것이다. 나는 겉으로는 풀기 힘들 거라고 얘기 했음에도 불구하고 잘 하면 관리지역으로 풀 수도 있을 것 같다는 생각을 하게 되었다. 일단 그 지게차 사장님을 보내 드리고 난 토목사무실로 전화를 했다.

"형님! 농림지역 땅 인데요. 제가 볼 때 관리지역으로 풀 수도 있을 것 같은데 한번 외주실 수 있나요?"

"그래 알았어. 마침 어디 갔다가 사무실 들어가는 길인데 잠깐 들리도록 할게. 1시간 정도 걸릴 거야"

"네. 알겠습니다. 형님!"

그렇게 1시간이 지나고 토목사무실 소장형님이 사무실로 방문하셨다.

"형님! 오셨어요?"

"그래. 무슨 땅인데 그래?"

"이거 한번 봐 주실래요?"

토지의 지번을 가리키며 물어보기 시작했다. 한참을 지켜보던 형님의 입에서 이런 말이 나오기 시작했다.

"김 이사! 이거 관리지역으로 풀 수 있을 듯한데?"

"정말요? 그럼 제가 아는 사장님 땅인데 한번 풀어 보시겠어요?"

"이게 그리 쉬운 문제는 아니고 도까지 올라가야 할 거 같애. 비용이 좀 들거 같은데"

"얼마나 들까요?"

"이 땅 관리지역으로 풀리면 평당 8만원은 주셔야 할 것 같은데"

"그럼 한 600평정도 되니 4,800만원 정도네요. 그럼 제가 한번 물어보고 전화 드릴게요"

나는 바로 지게차 사장님이 계신 사무실로 걸어갔다. 바로 옆 컨테이너가 사무실이었기 때문에 금방 갈 수 있었다.

"사장님! 드릴 말씀이 있어요"

"뭔데?"

"사장님이 가지고 계신 농림지역 땅을 관리지역으로 풀어드리면 어떻게 하실래요?"

"정말? 풀어주기만 하면 해 달라는 데로 해줄게"

"그럼 사장님! 관리지역으로 푸는 조건으로 해서 설계사무실하고 평당 8만원에 계약하실래요?"

"평당 8만원이면 5천만원이 조금 안 되네 지금 돈이 없는데 풀리면 대출 받아서 줄께"

"그럼 토목사무실 계약서 작성해서 오라 할게요."

그렇게 지게차 사장님과 토목사무실은 농림지역을 관리지역으로 푸는 것으로 평당 8만원의 계약을 하게 됐다. 푸는 기간은 1년을 정하였지만 그 안에라도 풀리면 그때 대금을 지불하는 것으로 했다. 시간이 흘러 6개월쯤 지났을까 토목사무실로 전화가 왔다.

"김 이사! 그거 농림지역 관리지역으로 풀렸어 확인해봐"

"정말요?"

서류를 확인하자 진짜 관리지역으로 되어 있었다. 그런데 관리지역 중 행위제한이 가장 많은 보전관리지역으로 풀렸던 것이다. 계약상 관리지역으로만 풀었을 때라고 명시했기에 보전관리지역 이라도 관리지역이 된 것이다. 그렇게 토목 사무실은 약속한 대금을 지급받을 수 있었고 그 농림지역의 땅은 보전관리지역 땅으로 변하게 되었다. 그런데 이게 끝이 아니다. 지게차 사장님은 왜 보전관리지역이냐며 시에 계속 민원을 거셨고 오랜 민원의 결과 그 보전관리지역 땅은 계획관리지역으로 변경되었다. 이 일로 인해 잦은 민원이 해결의 실마리가 될 수 있다는 것을 알게 되었고 이때부터 난 농림지역도 계획관리지역이 될 수 있다는 것을 알게 되었다.

매도인이 나에게 양도세 문의를 한다. 과연 내가 한 말이 맞는 걸까?

토지를 중개했다. 내가 중개한 물건은 근·생으로 개발행위허가를 득 하고 토목공사가 완료된 부지였다. 그 땅의 매수자는 창고를 한 동 지어서 사용할 것이라고 했다. 잔금 모두를 마치고 온전히 계약이 마무리 되었다. 그런데 매도인으로부터 연락이 왔다.

"네. 여보세요? 매도인 사장님이 어쩐 일이세요?"

"제가 상담드리고 싶은게 있는데 사무실로 와줄 수 있나요?"

"네. 알겠습니다. 바로 가겠습니다."

그렇게 매도인의 사무실로 향했다. 무슨 상담을 하시려고 하는 걸까? 사무실에 도착했다.

"사장님! 안녕하세요. 무슨 일로 보자고 하셨나요?"

"다름이 아니고 양도신고를 하려고 하는데 궁금한게 있어서요"

"네. 말씀해 보세요."

"일전에 토목공사업자에게 돈을 주고 공사를 했는데 그 사람이 사업자가 없어서 그냥 돈만 주고 말았는데 그 비용은 공제받을 수 있는 건가요?"

"일단 자금은 통장거래 하셨나요?"

"네. 통장거래를 하긴 했는데 계산서 발행은 안 했어요"

"걱정 안하셔도 됩니다. 계산서는 없지만 통장 내역으로 공사비 입증을 하시면 공제받을 수 있습니다. 그러니 걱정 마세요"

"아~네. 알겠습니다. 역시 아는 것이 많아 보여서 물어 본건데 속 시원히 얘기해 주시네요."

그랬다. 계산서 발행이 없더라도 통장내역으로 공사비 입증을 하면 필요비용으로 공제받을 수 있는 것이다. 토지업무를 보면서 난 항상 세법, 등기법, 중개업법 공부를 늘 하고 있었기 때문에 매도인의 질문에 막힘없이 대답할 수 있었던 것 같다. 지금 토지중개를 하시는 사람들을 보면 세법에 대한 공부가 전혀 되어 있지 않다. 투자자가 땅을 1년 후 팔았을 때 세금은 어떻게 되냐며 물어도 대답할 수 있는 중개사가 거의 없다는 것이다. 잘 한번 생각해 볼 필요가 있다. 물론 세법 상담은 세무사님에게 돌리면 되는 일이지만 중개사가 물건을 중개하면서 세법에 대해 막힘없이 브리핑 한다면 손님은 그 중개사를 신뢰하게 되지 않을까? 이런 생각으로 평소에도 세법 공부와 등기법 공부를 하고 부동산 관련 모든 공부를 하고 있다. 토지중개를 하는 사람들은 명심해야 할 것이다. 토지거래는 신뢰에 의해 이루어지는 것이 다반사이기 때문에 중개와 관련된 법들을 모두 공부해서 매수자에게 최고의 서비스를 제공한다면 그 신뢰감이 계약을 일으킬 수 있을 것이다.

중개수수료를 받지 못했다. 회사로 찾아가 하루 종일 기다렸다

지금 얘기는 나의 초보 공인중개사 시절 수수료를 제대로 받지 못해 힘들었던 기억을 얘기하려 한다. 내가 하는 일은 전문 서비스업이다 보니 항상 보수를 제대로 받는 것이 가장 큰 문제가 되곤 했다. 당시를 생각하면 토지중개업자에게 수수료를 주는 사람들은 돈이 너무 많다고 생각을 하는 건지 대부분 꼭 문제를 일으킨다. 예전부터 손님들은 항상 그렇게 얘기한다. 내가 수수료 얘기를 꺼내면

"어린 친구가 너무 돈을 밝히는거 아닌가?"라고 말이다. 그때마다 난 이렇게 대답했다.

"사장님! 그렇게 말씀하지 말아 주세요. 제 직업 자체가 수수료 받는 직업입니다. 사장님을 위해 자원 봉사하는 사람이 아닙니다."라고 말이다. 한번은 토지중개를 나에게 맡기고 땅을 팔았음에도 불구하고 그 자리를 일어나면서 "수수료는 나중에 계산합시다."하고 나가는 사장님이 있었다. 나는 그 사장님을 따라 나서며 물었다.

"사장님! 수수료는 언제 주실 건데요?"

"조만간 줄 테니까 조금 기다립시다."

"네? 그렇게는 못할 듯 싶은데요. 지금 수수료를 주셔야 할 것 같습니다."

"아니 내가 수수료 떼먹을 사람처럼 보이시나 좀 나중에 드릴게요."

수수료를 한 두 번 떼먹혀 본 게 아니기 때문에 난 절대 그럴 수가 없었다.

회사까지 쫓아갔다. 그래도 수수료를 주려고 하지 않는다. 이런 생각이 든다. 내가 왜 당신을 위해서 개같이 일해 놓고 이런 대우를 받아야 하는지 그런 순간이 되면 내 직업에 대한 회의감이 몰려오는 듯 하다. 내 주위에는 수수료를 제대로 받지 못한 사람들이 많았다. 항상 중개업자 모임에 가면 비를 맞으며 수수료 받으러 갔던 얘기나 수수료를 제대로 받지 못한 일화들로 항상 공감대를 형성해 왔다. 그랬기 때문에 나는 회사로 찾아가게 되었고 수수료를 줄 때까지 돌아가지 않고 버틴 적이 있다. 6시간쯤 지났을까 그제서야 수수료를 주며 "참 독한 사람이네"라며 핀잔을 준다. 과연 이 상황에서 누가 잘못된 사람이란 얘기인가? 앞으로 수수료를 받는 중개사를 직업으로 갖게 될 많은 사람들에게 얘기해 주고 싶다. 우리는 수수료를 받는 것이 직업이기에 당당하게 수수료를 요구해야 한다.

계약하는 자리 나의 오지랖이 계약을 뒤엎었다

한창 토지중개를 하던 시절 한 토지를 발견하게 됐다. 모양이 네모 반듯하게 생긴 지목이 답인 논 상태였다. 도로가 넓게 접해있어 한눈에 봐도 너무 기가 막힌 땅이었다. 우리는 개발행위허가를 득 하여 전원주택 단지로 만들 생각을 하게 됐다. 주택 개발업자에게 토지를 소개하였고 그 개발업자 또한 매우 만족했기에 바로 계약 일정을 잡을 수 있었다. 계약 준비를 위해 서류를 준비하던 중 등기부를 열람하게 되었다. 그런데 이 토지는 7년의 보유기간이 되어서 법적으로 8년 자경농이 되면 양도세 감면을 받을 수 있는데, 그 기간이 1년도 채 남지 않은 상황이었던 것이다. 이를 잘 이용해 우리가 등기를 치는 것이 아니라 개발 후 자연스레 분양자가 등기를 치게 할 수도 있겠다는 생각을 하게 됐다. 매도인과 매수인이 한 자리에 모였다. 나는 이 사실을 매도인에게 설명하기 시작했다.

"사장님! 제가 한 가지 알려드릴게 있습니다. 사장님이 1년만 더 보유하시면 이 지역에 거주하시면서 농사를 지으셨기에 8년 자경농이 되셔서 양도세 감면을 받을 수 있습니다."

"그게 무슨 소리신가요?"

"사장님이 1년 정도 있으면 8년 자경농이 되셔서 양도세를 감면받을 수 있다는 얘기입니다. 잘 모르시면 확인해 보셔도 됩니다."

그렇게 매도인은 아는 법무사에게 전화를 걸었고 사무실 밖으로 나가 통화를 하기 시작했다.

한참을 통화하시던 매도인이 들어왔다.

"사장님! 제가 혜택을 볼 수 있게 등기는 1년 후에 가져 가는걸로 매수인께 조절해 드리겠습니다. 특약사항으로 적어 드릴 테니 그렇게 계약하시면 됩니다."

이렇게 알려드렸다. 잘하면 자연스레 등기를 치지 않고 개발할 수도 있겠다는 생각을 하고 있을 때쯤 매도인이 입을 열었다.

"제가 알아보니까 중개사님 말씀이 다 맞는 말이네요. 중개사님 덕분에 새로운 사실을 알게 됐네요. 큰일 날 뻔 했습니다. 그냥 1년 후에 매도하겠습니다. 오늘일은 없던 걸로 하시죠"

띵~

"네? 1년 후에 매도하신다구요? 그러지 마시고 매수자 있을 때 파시고 1년 후에 등기 넘기게 도와드리겠습니다."

"아니요. 그냥 1년 후에 팔겠습니다."

이렇게 얘기하며 매도인은 사무실 문을 열고 밖으로 나가 버렸다. 이게 도대체 무슨 일이란 말인가? 괜히 욕심 부리다 계약을 하지 못했다. 그냥 가만히 계약 했더라면 그 땅이 거래가 되었을 텐데 괜한 욕심으로 매수자에게 아주 좋은 조건을 만들어 주려다가 그만 계약이 파기된 것이다. 그래서 추후 계약 시에는 다른 얘기를 하지 않는다. 괜한 오지랖으로 이것저것 알려드리다 보니 계약이 파기되는 상황이 된 것이다. 그 일로 인해 알아도 모른척 할 때가 있어야 한다는 것을 나는 깨닫게 되었다.

주택을 철거해도 비과세 받을 수 있나요?

어느덧 토지중개를 시작한지도 수년이 흘렀다. 이제 나도 어느 정도 토지중개업자가 된 듯하다. 하지만 배워야 할 것이 너무 많다고 생각이 들고 일을 하면서도 내가 너무 부족하단 느낌을 자주 받곤 한다. 그러던 어느 날 아는 지인으로부터 토지매입을 의뢰받게 됐다. 그 분은 인근에서 고물상을 운영하는 사장님이셨다. 현재 고물상을 월세로 사용하고 있다 보니 이제 본인의 땅에서 고물상을 운영하고 싶다고 하셨다. 당시에는 고물상 인·허가가 그리 어려운 조건이 아니었기에 용도지역이 계획관리라면 무조건 허가를 득할 수 있었다. 토지를 알아보던 중 도로변에 자그마한 토지가 매물로 나왔다. 2차선 도로변이었지만 접도구역이 설정되어 있는 토지였다. 고물상 인·허가를 득 하는 데는 크게 어렵지 않았지만 진입로 방향이 문제였다. 만약 진입로를 2차선으로 이용하여 들어오게 된다면 준공을 받기 위해선 가감속 차선 공사를 해야만 한다. 다행히도 그 토지에는 이면 도로가 있었다. 폭은 그리 넓지 않았지만 진입로로 활용하기에는 적당한 폭의 도로였다. 우리는 가감속차선 공사를 피하기 위해 진입로를 2차선이 아닌 이면도로를 통하여 허가를 득 하게 되었다. 이면도로는 2차선이 아니었기에 가감속 공사는 하지 않아도 되었기 때문이다. 그런데 문제가 있었다. 그 토지 위에는 무허가 건축물이 존재하는 상태였는데 그 건물을 철거하는 조건으로 땅을 사게 된 것이다. 계약을 하고 계약대로 무허가 건축물을 철거하기 시작했다. 옛날 허름한 건물이었기 때문에 하루만에 모두 철거를 했다. 이제 잔금을 치고 등기 접수만 하면 되는 상황이 되었는데 매도인으로부터 문의가 왔다.

"중개사님 저희가 그 무허가 건물로 비과세 혜택을 받아야 하는데 현재는 건물이 없는 상태가 되어서 우리가 비과세 받는데 문제가 되진 않나요?"

"네? 비과세 혜택이요?"

솔직히 매도인이 물어보는 질문에 대답을 하지 못했다. 내가 생각할 때도 문제가 될 수 있을 것 같아 보였기 때문이다. 만약 매도인은 그 건물로 인해 비과세 혜택을 받지 못하면 이 계약에 문제를 삼을 것처럼 보였기 때문에 나는 비과세 예딕 여부에 대해 알아보기 시작했다. 순간 생각이 든 것은 잔금 때 까지는 건물이 있었어야 비과세 혜택을 받을 수 있을 것처럼 생각이 들었다. 조급한 마음이 들었고 네이버 검색을 했다. 수 시간 동안 검색을 한 결과 계약 시 까지만 주택이 있었음을 증명한다면 비과세 혜택을 받을 수 있다는 사실을 알게 되었다. 마침 건물을 철거하면서 사진을 찍어 두었기에 계약시 까지 주택이 있었음을 증명할 수 있었다. 다행히도 그 토지는 주택에 의한 비과세 혜택을 받을 수 있었다. 이 일로 인해 나는 새로운 사실을 알게 되었다. 주택이 있는 토지를 매매할 때에는 계약시 까지만 주택이 있으면 비과세 혜택을 받을 수 있다는 사실을 말이다.

임야를 공사하더니 매입한지 3개월 만에 매도했다

나는 토지개발업자이다. 토지중개를 하고 있던 중 나를 토지개발업자로 만들게 된 결정적인 계기가 되는 사건이 발생하게 된다. 그 일은 단순히 토지중개만을 하던 나에게 엄청난 파급을 주게 된다. 아는 지인이 임야를 매입하게 됐다. 내가 볼 때는 그저 길이 없는 야산에 불과했다. 근데 이 분은 무슨 이유로 이 땅을 매입하는 걸까? 궁금하지 않을 수 없었다. 길이 없어 당연히 허가를 득 하지 못할 것이라 생각했는데도 불구하고 그 토지는 근·생 2종의 음식점 허가를 득할 수 있었다. 길이 있고 길 옆에 하천이 있고 그 하천 옆에 본 토지가 있었기 때문에 개발을 전혀 모르는 나의 눈에는 그저 길에는 닿지 않고 하천에만 붙어 있는 땅이라고만 판단 했었다. 그런데 허가를 득할 수 있었던 이유는 그 하천을 가로질러 다리를 놓는 허가를 득하게 되면 개발행위허가 즉, 건물을 지을 수 있게 되는 것이었다. 실제로 그 분은 개발행위허가를 득 하자마자 두 개의 흄관을 놓고 다리를 만들었다. 그리고는 그 야산을 편평하게 공사를 진행했다. 땅을 매입 하자마자 2개월 만에 완전 다른 땅으로 탈바꿈하게 된 것이다. 놀라운 일은 이게 끝이 아니었다. 그 토지의 소유자는 토지를 매도할려고 내놓았고 얼마 되지않아 토지는 매매가 되었다. 토지를 매입할 때만 해도 평당 30만원에 매입했는데, 3개월이 지나 평당 65만원에 거래를 했다는 것이다. 정말 놀라지 않을 수 없었다. 그 토지의 규모는 600평 정도가 되었는데 3개월만에 약 2억원 가량을 벌게 된 것이다. 이 일로 하여금 토지를 중개해서는 부자가 될 수 없고 토지를 개발해야만 부자가 될 수 있다는 것을 알게 되었다. 이후 난 토지개발 법인을 내게 되었고, 수많은 토지를 개발하게 됐다. 그러면서 정말 많은 경험을 하게 되었다. 토지개발업자로서 20년 가까이 일해 온 경험을 많은 분들께 알려 드리고자 한다. 어떤 일은 굉장히 충격적일 것이고, 또 어떤 일들은 상상이 가능한 일도 있을 것이다. 그렇다면 이제부터 토지 개발을 진행해 오면서 겪었던 경험들을 적어 나가겠다. 토지개발을 궁금하게 생각하는 분이라면 나의 경험담으로 간접경험을 얻으시길 바라겠다.

흄관

story

2

토지개발업자가
되었다

story ❷

토지개발업자가 되었다

산을 매입해서 공사를 하고 있다. 그런데 해골이 발견됐다

　본격적으로 토지를 매입하여 빠른 기간 안에 되팔기 위해서 나는 건물주와 함께 동업을 하게 되었고 법인을 설립하게 되었다. 그렇게 우리는 개발하기 위한 토지를 물색하기 시작했다.

　그러던 중 1,100평의 임야가 매물로 나왔다. 인근에 아파트가 즐비하게 있었지만 그 토지는 2차선 도로에서 4m 도로를 끌고 300m 가량 마을 안쪽으로 들어가야만 했다. 우리는 현장 임장을 하기로 하고 그 산으로 향했다. 나지막한 야산이었다. 조금 올라가니 산의 정상이었고 정상에서 본 풍경은 너무 좋았다. 정남향의 토지였고 인근 아파트가 다 내려다 보였기에 아주 괜찮은 토지를 발견한 것이라고 생각했다. 다만 단점이 하나 있다면 마을 안쪽으로 깊숙이 들어간 임야라는 것. 우리는 빨리 매도하기 위해 조그마한 땅으로 가·분할을 해 보았다. 200평 내외 네 개의 물건의 모양이 나왔다. 이렇게 개발하기만 하면 파는데 아무 지장이 없을 것이라 생각했다. 우리는 그 토지를 계약하기로 했다. 이제 개발이 시작된다. 처음 하는 개발에 많은 돈을 벌 수 있을 것이라 생각했다. 해서 그 토지를 근·생 1종으로 개발 행위 허가를 득 하게 되었고 마침 작은 아버지가 건설 회사를 운영하고 계셨기에 원가에 공사를 부탁하여 실행으로 토목공사를 내가 직접 진행하게 되었다. 실행이란 현장에서 흔히 쓰는 용어인데 견적을 받아 건설회사의 이윤을 주고 공사하는 것이 아니라 즉, 내가 현장 소장이 되어 실제로 공사에 들어가는 돈만을 결제하면 되는 방식이었다. 한마디로 작은 아버지는 내가 하는 일에 돈을 벌려고 한 것이 아니라는 얘기다. 그렇다 보니 난 토목공사가 진행되는 현장에 붙박이처럼 지켜봐야만 했다. 하는 일은 거의 없었지만 처음으로 개발한다는 생각에 무작정 현장에 있었던 것 같다. 그렇게 현장에서 거의 살다시피 하다가 잠깐 잠깐 사무실에 들리는 일을 반복하고 있었다.

여느 날과 마찬가지로 계속 현장에 있다 잠깐 사무실에 들렀을 때 현장 포크레인을 운행하는 형님에게서 전화가 걸려왔다.

"김 이사! 큰 일 났어."

"큰 일이요? 무슨 일인데요?"

"현장에서 해골이 나왔어"

"해골이요? 사람 해골이요?"

"공사 중단해야 할 것 같은데 어떻게 하냐?"

"제가 금방 현장으로 가겠습니다."

토지를 사서 여러 번 개발을 해본 것도 아니고 난감했다. 현장으로 달려가면서도 어떡해야 하는지 아무 생각도 들지 않았다. 현장에 도착했다. 걸어서 정상으로 올라가는 길이다. 산 위에서 축구공 같은 것이 굴러 내려왔다. 아무 생각 없이 발로 뻥 차버렸다. 그런데 내 발이 아픈 건 왜 그러지?

"김 이사! 그거 해골이야"

"네?"

나는 아무 생각 없이 해골을 발로 차버렸던 것이다. 해골이라 생각하니 기분이 별로 좋지 않았다. 정상에 도착해서 포크레인을 운행하는 형님과 대화를 나누었다.

"형님! 해골이라니요"

"저기 봐"

진짜 해골이었다. 이제 어떡한단 말인가? 처음으로 개발을 하는데 왜 나한테 이런 일이 생기는 걸까? 한탄을 하기 시작했다. 형님이 말을 거신다. "내게 좋은 생각이 있어. 아무래도 이 해골은 무연고 같으니 그냥 밤중에 조용히 옆 산에 묻어 버리자. 그럼 아무 문제없을 거야"

"형님! 그래도 되는 건가요?"

"그럼 당연히 안 되는 거지. 그럼 공사중단하고 신문에 공고 때리고 그렇게 할거니?"

"형님 같으면 어떻게 하실 건데요?"

"나 같으면 옆 산에 가져다 묻을 거야. 네가 결정해라"

이제 20대 후반인 나는 어떻게 해야 할지 몰랐다. 정상적으로 하려니 공사를 중단해야 한다 하고 옆 산에 갖다 묻으려니 걸리면 큰 일 날거 같고... 그냥 한숨만 계속 쉬었던 것 같다.

그렇게 한참을 고민하다 나는 결정 했다.

"그럼 형님! 그냥 옆 산에 가져다 묻어 주세요. 저는 잠깐 사무실로 가서 쉬고 있을게요"

그리고는 사무실로 돌아왔다. 여러 생각이 들며 내가 한 행동이 올바른 판단인가를 고민하고 있었다. 그러던 중 현장에서 다시 전화가 걸려왔다.

"김 이사! 큰 일 났어"

"아니 무슨 큰 일이 또 났는데요?"

"해골이 10구가 더 나왔어"

"네? 공동묘지에요? 무슨 해골이 10개가 더 나와요? 지금 바로 가겠습니다."

그렇게 난 현장에 다시 갔다.

"김 이사! 이거 봐 10구가 더 나왔어"

사실이었다. 속으로 생각했다. '이제 난 망했구나'라고 말이다. 한참을 아무 말도 하지 못했다. 내가 책임자다. 우리 법인이 이 토지의 소유자다. 어떤 식으로든 마무리를 지어야 했다.

"형님! 이거는 옆 산에 갖다 묻기에는 무리가 있습니다. 그냥 정상적으로 처리해 주세요"

거의 포기하는 마음이었다고 해야 할 것 같다. 어떻게 처리되는 건지 나로서는 알지 못하는 상황에서 "이제 난 망했다."라고 생각했고 이런 결정을 해야만 했다.

"그럼 무연고 처리하는 업체랑 통화해 볼게"

"네. 알겠습니다."

공사를 중단시키고 사무실로 돌아왔다. 한참을 포크레인 형님의 전화를 기다리고 있었다. 드디어 형님에게 전화가 걸려왔다.

"김 이사! 내가 업체랑 통화해 봤는데 크게 염려 하지 않아도 될 거 같아"

"왜요? 방법이 있나요?

"그게 아니고 원래는 공사중단하고 3개월간 일간지에 공고 올리고 연고자를 찾아야 하는데 만약 연고자가 안 나오면 장례 치르고 납골당에 안치하면 된데. 그런데 납골당까지 안치하는 1구당 비용이 50만원이래"

"50만원이요? 그럼 11구니까 550만원이요?"

"그래. 그렇다네. 너무 염려 안 해도 될 듯 해"

그랬다. 일간지에 3개월간 연고자를 찾는 공고를 하게 되었고 3개월이 지나 장례를 치르고 납골당에 안치하게 되었다. 나는 무연고를 처리하는 것이 그리 염려할 일은 아니라는 것을 경험적으로 알게 되었다. 그때 기분은 마치

지옥에서 천국을 왔다 갔다 한 기분이랄까? 뭐라고 설명할 수가 없다. 우리는 공사를 무사히 마칠 수 있게 되었지만 그 때의 기억은 평생 잊지 못할 경험이 되었다.

비닐하우스 1M 치우는데 2천만원 이라구요?

우리는 토지를 매입하게 됐다. 그 토지는 2차선 도로에서 100m 가량 마을 안쪽의 토지였다. 그런데 토지로 들어가는 길의 지목은 도로가 아니라 구거라는 지목이었다. 토목사무실과 상의한 결과 길로 쓰고 있더라도 지목이 구거이면 농어촌공사로부터 구거점용허가를 받아야 한다는 사실을 알게 되었다. 구거를 점용하는 것을 다른 말로 목적외 허가라고 불렀는데 그때만 해도 왜 목적외 허가라고 부르는지 알지 못했다. 나중에 알게 된 사실이지만 목적외 허가라는 것은 목적은 배수로로 써야 하는 시설이지만 그럼에도 불구하고 길로 써야 할 때 목적외 허가를 받게 되는 것이었다. 그렇게 우리는 목적외 허가를 득 하게 되었다. 그 구거는 군데군데 포장이 되어 있지 않은 구간이 있었다. 우리 땅으로 올라가는 부분이 비포장으로 되어 있었던 것이다. 그 구거 부분에는 비닐하우스가 있었다. 구거를 포장해서 우리 땅으로 들어가는 진입로를 만들기 위해서는 그 비닐하우스를 치워야만 했다. 그래서 비닐하우스 주인을 찾게 됐다. 금방 찾을 수 있었다. 소유자는 인근에 거주하는 어르신이었다. 어르신을 찾아 갔다.

"아무도 안 계세요?"

"누구신가요?"

"네. 요 앞에 산을 매입해서 전원주택으로 개발하려고 하는 개발업자인데요. 잠깐 들어가서 말씀 좀 드릴 수 있을까요?"

"네. 들어오세요."

그렇게 집 안으로 들어갔다.

"어르신 다름이 아니고요. 요 앞에 있는 비닐하우스가 어르신거세요?"

"네. 그런데 뭐가 잘못됐나요?"

"그게 아니고요. 저희가 전원 주택지로 개발하려면 진입로가 필요한데 그 진입로 구간이 구거라는 지목으로 비포장 되어 있어서 포장하려고 보니까 어르신 비닐하우스가 걸려가지고요"

"그럼 제가 어떻게 해야 하는 건가요?"

"어르신이 공사하시면 번거로우니까 저희가 비닐하우스를 뒤로 1m만 밀어 드릴게요. 저희 비용으로 공사해서 똑같이 만들어 놓겠습니다. 괜찮으시죠?"

당연히 우리는 구거점용허가를 받아 진·출입로로 사용하기 위해 점용료를 납부하는 것이다. 그런데 어르신은 어떻게 보면 구거 부지를 무단으로 사용하고 있는 것이었기에 당연히 허락할 것이라고 생각했다. 한참을 생각하던 그 어르신이 입을 여신다.

"우리 비닐하우스 건들지 마세요. 건드리면 가만있지 않겠습니다."

"네?"

우리는 굉장히 당황했고 이 상황에서는 강하게 얘기해 드려야겠다고 생각을 했다.

"어르신! 어르신 비닐하우스가 국가 땅위에 있는 거고요. 저희는 그 국유지를 사용하게 허락을 받은 사람들입니다. 그렇게 얘기하시면 안 됩니다."

"나는 그런 거 잘 모르겠고 아무튼 건들지 마세요. 건드리면 진짜 가만 안 있습니다."

정말 당황스러웠다. 집으로 와 생각했다. 좋은 게 좋은 거라고 어차피 우리가 전원주택 단지를 만들어 놓게 되면 바로 이웃집 어르신이 되는 건데 혹시나 매도하는데 불편한 사항이 생길까봐 대화로 해결하기 위해 마음먹고 전화를 걸었다.

"어르신! 너무 노여워 마시고 저희가 비용 들여 1m만 안쪽으로 밀어 드리겠습니다. 그렇게 하시죠?"

"아니요. 그렇게는 못하겠고요. 이제 우리 아들하고 통화하세요"

그러면서 어르신은 전화번호를 건네주었다. 아들이라고 하시면서 아들과 해결하라는 식의 말씀을 하셨다. 잘 됐다고 생각했다. 아드님과는 얘기가 통할 것 같은 생각이 들었다. 아드님이란 분에게 전화를 걸었다.

"네. 안녕하세요? 동네에서 주택개발을 하려는 사람인데요."

"아. 네. 일단 만나서 얘기하시죠"

"네. 알겠습니다. 어디서 뵐까요?"

"수원 인계동 보시면 카페 있거든요. 거기서 뵙죠."

"네. 알겠습니다."

나는 정해진 시간에 우리 법인 대표 사장님과 함께 카페로 향했다. 키가 엄청나게 크신 분이 들어오신다. 아드님인 것 같았다. 왕년에 씨름부 출신이시란다. 키도 190정도로 보였고 덩치가 장난 아니었다.

"안녕하세요? 서희가 개발하려는 사람들인데요."

조용히 커피를 마시던 아드님이 입을 여신다.

"사정은 알겠고, 그냥 치워 드릴 수는 없을 것 같습니다. 비닐하우스 치워 드릴 테니 2천만원만 주세요."

"네? 뭐라고요? 2천만원이요?"

그랬다. 시골동네 사람들은 동네에 개발이 되는 경우를 너무 많이 봐서 그

때마다 동네 사람들이 돈을 벌었었기 때문에 이 분도 우리에게 돈을 벌 수 있을 것이라고 생각했던 것 같다.

그 아드님이라는 분은 한마디 말을 더하고 자리를 떠나셨다.

"저희는 그냥 저희 입장을 말씀드리러 나온 거니까 돌아가 보겠습니다. 결정하시면 전화 부탁드립니다."

"……"

아무 말도 할 수 없었다. 개발을 하면 여러 가지 민원들이 발생한다고 얘기는 많이 들었지만 비닐하우스 1m 치우는데 2천만원을 달라고 할 줄은 생각도 못했다. 사장님과 나는 너무 황당한 심정에 잠시 동안 아무 말도 하지 못한 채 우두커니 앉아 있었다. 너무 화가 났다.

함께 가신 사장님이 입을 여신다.

"김 이사! 걱정 하지 마. 내가 알아서 처리 할게"

"어떻게 하시려고요?"

그렇게 사장님과의 대화를 마지막으로 나는 그저 잘 해결되기만을 바랬다. 그리고 상황만 지켜보게 되었다. 마침 그 아드님은 동네에서 장사를 하고 계신다는 것을 알게 됐다.

도대체 무슨 일이 있었는지는 설명할 수 없지만 시간이 좀 흘러 나는 법인 통장에서 그 아드님의 계좌로 천만원을 송금하였다. 그렇게 우리는 그 비닐하우스를 1m 안쪽으로 밀어드리고 우리 땅으로 들어가는 진입로 포장을 할 수 있게 되었다. 나는 그 때 무슨 일이 있었는지를 잘 알고 있지만 책으로 그 내용을 적기에는 부담스러운 마음이다. 한 가지 말씀드릴 수 있는 건 법 보다 주먹이 빠를 때가 있다는 것 뿐이다. 그렇게 비닐하우스 1m를 치우며 천만원이라는 비용을 지불하게 되었다.

이 콩! 할머니 거에요? 50만원 달라구요?

아는 지인으로 부터 땅을 매입해 달라는 부탁을 받게 됐다. 그 분은 예전 부동산을 하고 있을 당시 나에게서 토지를 매입했던 고물상 사장님이셨다. 그 분은 일을 다니시며 부동산 일을 잘 하는 사람이 있다며 나를 칭찬하고 다니셨던 것이다. 자기 거래처 사장님인데 공장을 짓고 싶어 하신다며 나를 소개시켜 주셨다. 고물상 사장님의 소개로 땅을 구해달라는 사장님과 통화를 하게 됐다.

"네. 안녕하세요? 어떤 땅을 찾으시나요?"

"너무 크지 않고 조그맣게 공장을 지어 운영하려고 합니다. 가진 돈도 별로 없지만 1층에는 공장을 하고 2층에서는 살림을 하고 싶습니다. 마땅한 땅이 있으면 소개 부탁드립니다."

"네. 알겠습니다."

너무 크지 않고 조그맣게 공장을 운영할 수 있는 땅. 나는 생각했다. 공장이 가능해야 하기에 용도지역은 계획관리지역이어야 하고, 진입도로 조건 또한 공장이라 6m 이상이면 좋겠다는 생각을 했고, 물류를 생각하셔야 하기에 교차로 근처에 있으면 정말 좋겠다는 생각을 하게 됐다. 그리고 2층에는 살림을 하고 싶어 하시기에 건물을 높이 지어도 상관없는 지역인 비도시지역으로 알아보면 되겠다는 판단을 했다. 집중적으로 교차로 주변 도로조건의 좋은 땅을 찾고 있었다. 그러던 중 계획관리지역이면서 지목이 대지이고 진입도로가 6m이면서 100m 반경에 교차로가 있는 땅을 찾을 수 있게 됐다. 그 땅의 규모는 150평 정도였고 가격은 평당 100만원이 채 되지 않았던 것으로 기억한다. 나는 물건을 찾게 된 즉시 그 사장님에게 전화를 걸었고 우리는 함께 그 토지를 보러 갔다. 토지를 본 사장님은 매우 만족해 하셨고 즉시 계약의사를 전달하셨다. 우리는 그 토지를 매입했다. 공장과 주택을 짓기 위해 근·생 2종 제조장 및 주택으로 허가를 득 하게 되었고, 한 달이 조금 지나 개발행위허가증을 받을 수 있게 되었다. 이제 토목공사를 진행해야 한다. 토목공사를 진행하기 위해 현장에 들러 현장상황을 체크해야만 했다. 그런데 계약할 당시에는 없었던 농작물인 콩을 발견하게 되었다. 땅 소유자 사장님과 이런 대화를 나누었다.

"김 이사님! 이 콩은 어떻게 해야 하나요? 제 땅인데 그냥 밀어버리고 건물 지으면 되는 거죠?"

"아니요. 그렇지 않습니다. 아무리 누가 지었는지 모르는 농작물이지만 1cm 이상의 농작물이 심어져 있을 경우엔 그 농작물의 소유권은 경작자에게 있기 때문에 함부러 밀면 안될 듯 보여 집니다. 농작물 주인을 찾아서 협의를 보셔야 할 듯 합니다.

이제 난 농작물을 심은 주인을 찾아야 했다. 동네 수소문 끝에 앞집에 살고 계시는 할머니가 콩을 심으셨다는 것을 알게 되었다. 어느 날 할머니를 찾아갔다.

"안에 누구 계세요?"

"네. 누구시죠?"

"이 앞에 땅 주인인데요. 혹시 할머니가 이 땅에 콩을 심으셨나요?"

"그거 내가 심었는데요. 무슨 문제가 있나요?"

"할머니! 남의 땅에 그렇게 콩 심으시면 안 되는 거에요. 허락을 받으셨어야죠."

"미안하게 됐습니다."

"할머니! 그 땅에 건물을 지어야 하는데 콩은 뽑으셔야 할 듯합니다. 그래서 제가 콩 값 드리려고 찾아왔습니다."

"아~건물 지으려고요? 어떡하나? 이제 심었는데 말이죠"

"그러지 마시고 제가 콩 값 드릴게요. 얼마를 드리면 될까요?"

"몇 달 있음 캘 건데 조금 기다리세요."

"아니요. 그럴 수가 없네요. ^^ 얼마를 드리면 될까요?"

한참을 생각하시던 할머니가 안방에서 담배를 꺼내 오시더니 담배를 피우신다.

"돈으로 물어주려고요? 그럼 한 50만원만 주세요."

"네? 50만원이요? 그러지 마시고 제가 한 10만원 드릴게요. 얼마 심지도 않으셨는데요. 그렇게 하시죠?"

담배를 다 피시더니 할머니가 얘기하신다.

"누굴 그지로 보나? 그냥 밀어 버리세요. 내가 민원 걸 테니까."

이 할머니가 협박을 하신다. 똥 밟았다 생각하자.

"네. 알겠습니다. 다시 생각해보니 50만원이 적당한 금액인 듯 싶습니다. 여기 꼼짝 말고 계세요. 편의점 금방 가서 50만원 인출해 오겠습니다."

그렇게 가까운 편의점으로 가서 50만원을 인출했다.

"할머니! 여기 50만원 있습니다. 그냥 드릴 수는 없고 저 콩이 본인 거고 뽑는데 있어 어떠한 이의제기도 하지 않겠다고 사인 한 장만 해 주세요."

"그래. 알겠네. 그 정도는 해줘야지"

콩 값으로 50만원을 드리고 이런 생각을 했다.

시골은 이제 더 이상 인심 좋은 전원일기 같은 곳이 아니구나. 무서운 어르신들이 존재하는 곳이구나 라고 생각하게 됐다.

건물 30평을 2천만원에 지었다

내가 한창 토지개발을 진행하고 있을 때 일이다. 그 당시 정권은 노무현 대통령일 때 인 듯하다. 토지에 대한 강력한 규제가 1년간 유예기간을 두고 발표 되었다. 내용은 부재지주 토지가 되면 기간기준을 따지지 않고 양도세가 단일 세율 60%를 부과한다는 것이다. 크게 3가지로 구분하여 생각할 수 있었는데 농지는 농사를 짓지 않고 해당 시와 연접한 시에 거주하지 않으면 무조건 투기용 토지 즉, 부재지주 토지가 되어 양도세가 중과된다는 것이고, 임야는 해당 시와 연접한 시에 거주하지 않으면 투기용 토지 즉, 부재지주 토지가 된다는 것이었다. 대지에서는 건물이 있지 않으면 양도세 중과가 된다는 내용이었다. 나는 정말 많은 연구를 하게 된 것 같다. 농지가 부재지주 토지가 되지 않으려면 어떻게 해야 할까를 말이다. 방법은 실제로 농사를 짓고 해당 시로 이사를 해오면 되는 것이다. 하지만 이 방법은 현실적으로 굉장히 힘든 일이기 때문에 다른 방법을 찾아야만 했다. 또 한 가지 방법은 농지 개발행위허가를 득 하여 건물을 지어 대지로 만드는 일이다. 대지가 되어 일정 면적 건물이 있게 되면 기간 기준을 따져서 양도세 중과를 피할 수 있었기 때문에 나는 농지를 대지로 만들어 양도세 중과를 피하기 위한 건축을 진행하게 됐다. 양도세를 피하기 위해 막 짓는 건물을 가리켜 개집이라 부른다. 실제로 그런 형태의 집을 많이 지었다. 당시 직접 건물을 지은 것이 아니라 부동산일을 진행하고 실제로 건물을 짓는 사람은 따로 있었다. 어느날 사무실 문을 열고 한 사모님이 들어오셨다. 굉장히 낯익은 얼굴의 사모님이었다. 사모님도 내가 굉장히 낯익은 얼굴이이라고 하셨다.

"어? 어디서 뵌 거 같은데 저 기억 못 하시나요?"

"저도 낯은 익은데 어디서 뵀는지는 기억이 없습니다."

우리는 자리에 앉아 이런저런 얘기를 나누었다.

"부동산 하신지는 오래 되셨나요?"

"네. 처음에는 경기도 안양에서 일을 시작했습니다."

"안양이요? 저도 안양에 재개발지역에 투자한 적이 있는데"

"아! 그러세요? 저도 재개발지역에서 일한 적 있습니다."

"혹시 안양의 덕천마을 아닌가요?"

"네. 맞습니다. 거기서 일했습니다."

"혹시 00부동산에서 일하지 않으셨나요?"

"네. 맞습니다."

그 사모님은 내가 부동산 자격증을 처음 취득하고 재개발지역에서 업무를 보고 있을 때 건물 등기부를 보고 대지 면적을 잘못 계산했던 매수자 분이었다.

"아~ 그때 그 사모님이신가요?"

"네. 맞아요. 이런 인연이 다 있네요."

"그러게 말이에요"

서로를 신기해 하며 이런 일이 있을 수 있음에 놀라지 않을 수 없었다. 물론 우연히 만나게 되었지만 뭔지 모르는 신뢰감이 형성되어 맘을 터놓고 대화를 할 수 있었다.

"제가 땅이 하나 있는데 생산관리지역이거든요. 250평 정도가 되는데요. 마을 안쪽에 있는 땅인데 부재지주가 되면 양도세가 중과된다고 해서요. 무슨 방법이 없나하고 오게 되었습니다."

"방법이 하나 있습니다."

"그게 뭔데요?"

"제 얘기를 잘 들으셔야 합니다."

"먼저 개발행위허가를 득 하고 허가를 득 하여야 건물을 짓는 겁니다. 그렇게 하고 2년이 지나서 매도하면 기간 기준에도 맞는 토지가 되어 양도세가 중과가 되지 않습니다. 그리고 그렇게 되면 두 가지 더 혜택을 얻을 수 있는데 첫 번째는 지목이 대지가 되었기 때문에 시세가 높아졌다는 것이고, 두 번째는 건물이 있기 때문에 임대를 내면 월세도 받으실 수 있구요."

"근데 다 좋은데 건물 지을 돈이 없는데요"

"그것도 걱정하지 않으셔도 됩니다. 토지가 개발행위허가를 득 하게 되면 은행에서 대출을 얻으실 수 있습니다. 그럼 그 돈으로 건물을 지으시면 되고 이자 이상으로만 임대를 주시면 무조건 벌 수 있는 구조를 만들 수 있게 되는 겁니다. 이 모든 일을 저와 컨설팅 계약 맺으시면 제가 다 처리 해 드리겠습니다."

그렇게 우리는 컨설팅 계약을 맺게 되었다. 그리고 개발행위허가의 종류를 따져서 생각했는데 그 토지는 도로변에서 조금 안쪽의 토지였고 주변에 민가가 있지 않았다. 해서 고물상을 생각하게 됐다. 그래서 우리는 분뇨 및 쓰레기 처리 시설인 고물상 허가를 득 하게 되었다. 허가를 득하자마자 시로부터 공문이 내려왔는데 굉장히 놀라운 사실이 있었다. 고물상이 개발 부담금 제외 업종이어서 건물을 지었을 때도 개발 부담금이 나오지 않는다는 내용이었다. 지금까지는 개발 부담금 대상 면적 조건만 알고 있었는데 이 때 개발 부담금 제외 업종이 있다는 사실을 알게 된 것이다. 즉, 개발행위허가를 고물상으로 받게 된다면 개발 부담금이 나오지 않고 이는 지금도 유효하기 때문에 고물상을 건축하게 되면 개발 부담금이 나오지 않는다는 것을 명심해야 할꺼 같다. 아무튼 우리는 고물상으로 개발행위허가를 득 하게 되었고 이제 건축을 해야 하는 상황이 되었다. 사모님은 건축을 하기 위해 최소한의 대출을 얻을 수 있었다. 그런데 내가 하려고 하는 건축은 양도세를 피하기 위한 건축이라서 건물을 잘 지을 생각으로 짓는 것이 아니었다. 내 주위에 건물을 아주 싸게 짓는 건설직 형님이 있었다. 그 형님은 토목공사 및 건축공사에 잔 뼈가 굵은 사람이라 바로 통화를 했다.

"형님! 준공용 건물 30평만 지어 주실래요?"

"준공용 건물이 뭐니?"

"그냥 비가 오면 비가 세고 바람이 세게 불면 지붕이 날아가게 건물 좀 지어 주세요"

"장난하는 거지?"

"아니요. 장난 아닙니다."

그랬다. 나는 매우 진지한 상황이었다. 실제로 내 머릿속에는 건물을 쓸 것도 아닌데, 비싸게 잘 지을 필요가 있나? 라는 생각을 하고 있었던 것이다. 형님과 대화가 통했다.

"그럼 진짜 준공만 나게 막 짓는다. 괜찮아?"

"제가 원하는 게 그겁니다. 형님"

견적을 받았다. 막 짓는 건물의 견적이다. 부대 토목을 제외하고 건물 30평에 대한 견적을 2천만원에 받게 됐다. 너무나 만족스러웠다. 그때 당시도 120~130만원이 가장 싸게 짓는다고 할 때 인데 평당 약 70만원의 견적을 받게 된 것이다. 바로 건축을 진행했다. 건물 바닥이 시멘트이고 아무런 마감도 되어 있지 않은 상황이었다.

토목준공과 건물준공을 받고 최소한의 비용으로 '잡'으로 지목 변경에 성공하게 됐다. 그 건물이 고물상으로 임대가 되었다. 월세 120만원을 받고 말이다. 아직까지도 그 사모님은 가끔 나에게 안부전화를 거신다. 시간이 지난 지금은 월세를 올리셨다고 자랑하신다. 지금은 월세가 150만원이라고 하신다. 그 이후로 나는 수많은 개집을 짓게 되었고 많은 돈을 벌 수 있게 되었다.

토지거래허가구역에 5평짜리 건물 두 동을 지었다

토지개발을 업으로 하고 있을 즈음 자주 물건을 주는 부동산이 있었다. 그분의 이름과 내 이름은 신기하게도 같았다. 참 아이러니 하게도 난 남자 그분은 여자라는 사실이었다. 아무튼 같은 이름 덕분인지 그냥 정이 갔었던 기억이 난다. 어느 날 그 분에게서 전화가 걸려 왔다.

"김 이사님! 좋은 땅이 하나 있는데 한번 보실래요?"

"용도지역이 어떻게 되나요?"

"생산관리지역이고 600평에 6m 도로변입니다. 2차선에서도 50m 정도 떨어진 듯합니다."

"지금 바로 가겠습니다."

사무실에서 바로 현장으로 향했다. 차에서 내려 토지를 보고 있을 때 그런 생각을 하게 되었다. 여기 고물상을 해 놓으면 정말 좋겠다는 생각 말이다. 직사각형의 땅이었기에 반으로 잘라 분양하면 정사각형의 물건 두 개가 되는 것이다. 모양도 굉장히 훌륭하다고 생각했기에 나는 그 즉시 계약을 하기로 했다. 당시 화성지역은 토지거래 허가구역이었다. 또한 그에 따른 전매제한 규정이 있었다. 내가 풀어야 할 숙제는 전매제한을 어떻게 풀어낼 것이냐에 초점을 맞춰야 했다. 일단 네이버 검색으로 전매제한을 피할 수 있는 방법을 생각해 냈지만 한 번도 실행에 옮긴 적이 없었기에 그 토지를 매입해서 전매제한을 풀어 분양하는 것이 가장 큰 목표였다. 이걸 해결해야만 앞으로 나의 토지개발 인생에 걸림돌을 해결할 수 있다라고 생각했다. 방법은 이러했다. 한 필지를 매입하여 두 개의 필지로 분할 한 뒤 각각 두 개의 건축물을 짓고 2인 이상에게 분양하면 건축물 분양에 관한 법률로 토지거래허가의 전매제한을 풀 수 있었다. 내용인 즉, 개발행위허가를 득 하여 매입한 토지는 4년간 되팔지 못한다는 규정이었다. 일단 생산관리지역에서 고물상으로 한 건의 허가를 득 할 수 있었기 때문에 토지매입을 위해 한 건으로의 허가를 진행하였고 한 달이 지나 우리는 허가증을 받을 수 있었다. 등기를 마친 뒤 본격적인 매도 작업에 들어갔다. 먼저 두 개의 필지로 분할하여야 한다. 이건 굉장히 쉬운 작업이다. 늘 해오던 일이었기 때문에 인·허가를 변경하여 두 개의 허가를 득 하면 되는 것이었고 그에 따른 필지 분할을 하면 되는 것이다. 각각 건물을 지어야 하는 상황이 되었다. 건물 면적 200제곱 이하는 신고건으로 처리되기 때문에 아는 형님의 건축사 사무실로부터 두 개의 건축신고를 받게 되었다. 그러면서 건축사 형님과 나눈 대화이다.

"형님! 건축 신고건으로 두 개 허가 내주실래요?"

"용도가 뭔데?"

"그냥 고물상 사무실이에요"

"두 동을 지을 거야? 그럼 각각 몇 평으로 설계해 줄까?"

"각각 5평씩 설계해주세요?"

띵~

"뭐라고? 무슨 화장실 짓냐?"

"아니요. 형님 진짜 그렇게 지을 거니까 그렇게 설계해 주세요."

"그래. 일단 알겠이."

그렇게 난 5평짜리 두 동의 건축신고를 받게 되었다. 신고를 받게 되면 건물 신축 전 꼭 해야 하는 것이 있다. 바로 착공계 접수다. 만약 착공계를 접수하지 않고 건물을 짓게 되면 사전 착공으로 과태료가 나오게 된다. 건축신고를 받고 착공계 접수까지 마친 나는 이제 공사를 진행해야만 했다. 나와 가까운 건설직 형님과 대화를 나누었다.

"형님! 건물 두 동 좀 지어주세요"

"또 막 짓는 건물이니?"

"네. 맞아요. 막 짓는 건물이에요"

"몇 평이나 지을 건데?"

"5평짜리 두 동이니까 합해서 10평이네요"

"10평? 컨테이너를 놓지 그래"

"아니요. 각각 5평씩 지어야 합니다. 얼마나 나올까요?"

"견적 뽑아서 알려줄게"

그렇게 하루를 기다린 듯하다. 그 형님이 견적서를 가지고 오셨다.

"김 이사! 5평씩 두 동 짓는 거 토목 포함해서 배수로만 별도로 하고 1천만원 나왔어"

"1천만원이요? 그럼 함석도 돌려주시나요?"

"함석 돌리고 마당 잡석 마감 해 줄게"

"네. 알겠습니다. 그렇게 하시죠."

우리는 바로 공사를 진행했다. 내 관심사는 오직 준공을 득 하는 것에 있었다. 건물을 사용할 것이 아니었기에 건물이 지어지는 데에는 정말 아무런 관심도 없었다.

그렇게 한 달 만에 우리는 준공을 득 할 수 있었다. 드디어 두 개의 잡종지가 만들어지게 된 것이다. 이제는 매도하는 일만 남았다. 매입하려는 매수자가 나타난 것이 아니라 임대로 쓰고 싶어 하는 사람이 나타나게 됐다. 그리고 실제로 임대가 나가기 전 바람이 세게 부는 날에 함석이 다 날아가 버렸고 지붕 판넬이 다 날아가 버려서 지붕이 뻥 뚫리고 군데군데 함석이 박혀 있어 폐가도 이런 폐가가 없었다. 마치 건물이 맹구 같았다고 해도 과언이 아닐 것이다. 우리는 보수 작업을 모두 마치고 임대를 주게 되었다. 세입자와의 대화이다.

"임대로 드리긴 하는데 임대 기간은 딱 1년만 했으면 합니다. 제가 매도하기 위해 개발한 거라서요. 가능하신지요?"

"네. 알겠습니다. 그렇게 하겠습니다."

그렇게 10개월이 흘렀다. 아직 매도되지 않은 상황이다. 나는 생각을 했다. 그래 마치 매수자인 것처럼 형을 데리고 가면 아마 자기가 산다고 할지도 몰라. 그렇게 난 형을 차에 태워 그 고물상으로 향했다. 형은 그냥 여기저기 둘러보고 있으라고 얘기했다. 그리고 난 고물상 사장님과 대화를 했다.

"이제 1년이 다 되어 갑니다. 저분이 매수하실 분인데 만약 매매가 되면 나가 주셔야 할 것 같습니다."

"그래요? 땅 얼마에 내 놓으셨는데요?"

"사지도 않으실 건데 그건 알아서 뭐 하시나요?"

"아니요. 제가 살 의향이 있습니다."

"그러세요? 사장님이 사시면 금액 잘 해 드리겠습니다."

"대출도 가능한가요?"

고물상이라는 직업은 대출이 가장 잘 되는 직업이라고 해야 할 것이다. 왜냐하면 마당에 싸놓은 고철 비철이 모두 현찰이기 때문에 은행 지점장님들이 가장 선호하는 직업군이다.

"대출요? 얼마든지 가능할 겁니다. 알아봐 드릴까요?"

그렇게 나는 대출을 알아봐 드렸고 매매가의 80%정도 대출을 해 드렸기에 아주 쉽게 매수가 이루어지게 됐다. 하지만 두 사람 이상에게 분양을 해야만 등기가 넘어가는 상황이었기에 각 필지를 다른 사람의 명의로 하면 안 되는지를 물어보게 됐다. 그것도 크게 문제되지 않았던 것이다. 하나는 남편 명의로 다른 하나는 부인명의로 등기를 한다고 하셨다. 이렇게 우리 법인은 600평 정도를 평당 65만원에 매입하여 10개월 후에 잡종지를 만들어 평당

100만원에 매도하게 됐다. 그 일로 인해 우리는 세금을 제하고 약 1억 5천만원 이상의 수익을 얻을 수 있게 된 것이다.

현황 배수로를 배수로로 인정받았다

토지개발을 진행하다 보니 배수로가 얼마나 중요한지를 잘 알게 됐다. 어느 날 화성의 남서부 지역의 매향리란 곳에 토지를 매입하게 됐다. 그냥 토지를 개발행위허가 득 하여 토목공사를 진행 한 뒤 근생부지로 매도하려고 한 것이다. 그러기 위해 개발행위허가가 나는 조건으로 토지를 매입했다. 개발행위허가를 진행하면서 담당자가 현장에 나와 토목사무실과 현장을 확인할 것이라는 소식을 듣게 되었다. 허가 나는데 문제가 생기지 않길 바라고 있을 때 토목 사무실로 전화가 걸려왔다.

"김 이사! 이거 개발행위허가 득 하기 힘들 듯 한데"

"뭐가 문젠데요?"

"이 땅 근처에 배수로가 없는 듯 해"

"제가 현장에 가서 배수로를 찾아볼게요."

"그래. 알았어."

나는 현장으로 달려갔다. 진짜로 배수로가 존재하지 않는 듯 보였다. 인근에 구거부지는 전혀 존재하지 않았고 맨홀 또한 찾을 수 없었다. 그런데 물줄기를 발견했다.

"형님! 물줄기를 발견했습니다."

"그 물줄기는 지목이 구거야?"

"아니요. 그냥 논 옆으로 흐르는 물줄기인데요. 이거 배수로로 인정받을 수 없나요?"

"그럼 방류인지 확인을 해야 해. 그 물줄기가 남의 땅에서 끊기면 안 되는 거고 하천이나 도랑으로 연결이 돼야 해. 그 물줄기 따라서 끝까지 가봐"

난 물줄기를 따라 걷기 시작했다. 그리고 발견했다.

"형님! 이 물줄기가 도랑으로 연결이 되는데요"

"그래? 그럼 그거 현황 배수로로 인정받을 수도 있을 거 같은데"

"형님이 한번 확인해 주세요."

그렇게 나는 배수로가 현황 배수로로 인정받기만을 기다리고 있었다. 전화가 걸려왔다.

"김 이사! 그거 허가날 거 같애."

"정말요? 그럼 그 물줄기가 배수로로 인정을 받는 거네요."

"현황 배수로로 인정이 될 거 같아."

얼마 지나지 않아 우리는 개발행위허가증을 수령할 수 있게 되었다. 이로서 난 물줄기가 구거부지가 아니더라도 방류지가 구거나 하천에 연결이 되면 현황 배수로로 인정이 된다는 사실을 알게 되었다.

옆집에서 내 흙을 훔쳐 간다

토지개발을 한창 하고 있던 시절 나는 개발행위허가를 득 하고 토목공사가 완료된 부지를 매입하게 되었다. 토지개발을 진행하는 입장에서 위치가 너무 좋았고 땅 모양도 네모 반듯하게 생겨서 아주 보기 좋은 모습이었고 계획관리지역이었으며 단지를 개발한 것이었기 때문에 진입도로 폭 또한 8m로 굉장히 넓은 진입로를 확보하고 있었다. 가장 중요한 것은 새로 개통되는 고속도로의 I·C가 바로 인근에 위치하고 있었기 때문에 1년 정도 지나 그 도로가 개통이 되는 시기에 매도 될 것이라고 확신했다. 우리는 토지를 매입하게 되었고 사무실에 앉아 있을 무렵 나와 친한 건설직 형님에게서 전화가 걸려 왔다.

"여보세요? 형님 잘 지내시죠?"

"나야 잘 지내지. 김 이사 근데 이번에 땅 샀다는 거 무슨 공사하니?"

"네? 공사는 무슨 공사요? 그거 공사 다 된 거 산거라 할 공사가 없는데요"

"이 근처 일이 있어 왔는데 그땅 공사하고 있던데"

"네? 그게 무슨 말씀이세요? 제가 현장에 한번 가 볼게요."

그 길로 나는 현장으로 달려갔다. 진짜로 공사를 하고 있었다. 그 공사는 다름 아닌 옆집에서 하고 있었다. 공장 단지내에 토지를 매입하다 보니 양옆 앞뒤로 모두 공장 부지였는데 옆집에서 공장을 짓던 도중 조경을 하기 위해서 흙이 필요한데 구할 때가 없다 보니 공사 되어 있는 우리 땅을 파헤치고 있었던 것이다. 현장에 도착하니 이미 땅 중간에는 커다랗고 네모난 구멍이 나 있었다.

"스톱~! 공사 중단하세요. 이거 누가 시켰나요? 왜 남의 땅을 이리 파헤치고 계신가요? 여기 책임자 오시라고 하세요."

나는 조금은 격앙된 목소리로 얘기했다. 한 시간 정도 지나서 책임자라는 사람이 왔다. 나는 말을 건넸다.

"사장님! 이거 지금 뭐 하시는 건가요? 이거 신고하겠습니다."

"정말 죄송합니다. 드릴 말씀이 없습니다."

"이거 어떻게 하실 건가요?"

"어떻게 하면 될지 말씀해 주세요."

순간 여러 가지 생각이 들었다. 나도 토지개발을 진행하는 사람으로서 공사를 진행하는 사람들은 항상 약자의 입장이라는 것을 알고 있었고 문제가 생길 때마다 문제를 해결하기 위해 달라는 대로 돈을 쥐어주곤 했었기 때문에 이 사람은 이 일을 무마하기 위해 내가 요구하는 사항을 모두 들어줄 것이라고 생각했다. 그래서 나는 이렇게 얘기 했다.

"그럼 이거 다 원상복구 하시고, 신고 안하는 조건으로 2천만원만 주시죠."

"네. 2천만원요? 그냥 신고하세요."

이 분이 강하게 나오신다. 그냥 신고 하라고 한다. 이 말을 들은 내 입장에서는 신고를 하지 않을 수 없게 됐다.

"네. 알겠습니다. 그럼 지금 바로 경찰서에 가서 신고하겠습니다."

그 길로 나는 화성시에 있는 서부경찰서로 향했다. 경찰서에 도착했다. 한 번도 신고를 해 본적이 없기에 어디로 가야 할 지를 알지 못했다. 아주 어렵게 길을 찾아서 형사들이 있는 곳으로 갔다.

"신고하러 왔습니다."

"네. 무슨일로 신고하시게요?"

"아! 네. 다름이 아니고 옆집에서 우리 집 흙을 훔쳐가고 있습니다."

"네? 뭐라 구요?"

"아니 그러니까 옆집에서 우리 마당을 파헤쳐서 흙을 훔쳐가고 있다니까요?"

"흙을 훔쳐 간 다구요?"

그 형사는 굉장히 당황하는 눈치였다. 그런데 나로서도 뭐라 얘기해야 할 지를 잘 몰랐다. 지금 벌어지고 있는 상황에 대해 최대한 설명하는 것 뿐이었다.

"네. 옆집에서 우리 집 흙을 훔쳐가고 있습니다. 처벌 좀 해주세요."

"일단 돌아가 계세요. 저희가 현장을 확인해 보겠습니다."

"지금 흙을 훔쳐 가고 있다니까요. 지금 가보셔야 합니다."

"네. 알겠습니다. 저희가 현장 확인하고 연락드리겠습니다."

"네. 알겠습니다."

돌아오면서 속으로 생각했다. '흙을 훔쳐가는 게 이상할 수 있겠구나'라고 말이다. 경찰 입장에서는 내가 참 황당한 신고를 한 것이라고 생각했을 것이다. 나도 내 입으로 얘기하면서 좀 민망함을 느꼈는데 말이다. 근데 이게 사실인 걸 어떻게 하란 말인가? 그렇게 난 경찰서에 신고하고 기다리는데 경찰에게 전화가 걸려 왔다.

"네. 여보세요? 000님 되시죠?"

"네. 제가 000입니다."

"현장을 확인했는데요. 진짜로 옆집에서 흙을 훔쳐가고 있네요."

"그렇죠? 제 말이 맞지요? 이제 어떻게 되는 겁니까?"

"더 조사해 봐야 알겠지만 아무래도 이건 재물손괴죄에 해당이 될 것 같습니다."

"재물손괴죄요?"

"네. 절도라는 얘기입니다. 그렇게 처리해야 할 것 같습니다."

"네. 그렇게 해 주세요"

나는 전화를 끊었다. 그리고 며칠 동안 아무 일도 일어나지 않았다. 그렇게 그냥 마무리 되는 건가? 라고 생각하고 있을 때 쯤 그 공사장 사장님에게서 전화가 걸려 왔다.

"여보세요?"

"안녕하세요? 구덩이를 팠던 사람입니다."

"아! 네~"

"경찰 조사를 받고 나가는 길입니다. 절도죄에 해당 되어서 빨간 줄은 그어졌는데 합의를 좀 하고 싶습니다."

"합의요?"

아마도 처벌되기 전에 합의서가 있다면 정상 참작이라도 받을 수 있는 모양이었다.

"적당한 선에서 합의를 좀 볼 수 있을까요?"

"얼마를 주신다는 거죠?"

"원상 복구하고 200만원 드리겠습니다."

"200만원이요?"

순간 생각이 들었다. 이런 일로 돈을 벌어야겠다 라는 생각을 한 번도 하지 않았기에 그냥 좋은게 좋은 거라고 나는 합의를 보기로 했다.

"그럼 제가 계좌 보내드릴 테니 지금 입금해 주시면 감사할 것 같습니다."

그렇게 나는 계좌번호를 보냈다. 5분도 되지 않아 200만원이 입금 되었다. 전화를 걸었다.

"이제 제가 합의를 봤으니 빨간 줄은 지울 수 있는 건가요?"

"아니요. 그게 처벌은 받아야 해서 빨간 줄이 지워지지는 않구요. 그냥 정상 참작이 될 듯 보입니다."

"아이고~그러니까 제가 합의하자고 했을 때 합의 하시지. 너무 낳다 싶으시면 조정을 하셨어야죠. 이게 뭔가요?"

"암튼 죄송하고요. 원상 복구 해 놓겠습니다."

"네. 알겠습니다."

그렇게 일은 마무리 되었다. 며칠이 지나 현장에 가자 무슨 일이 있었는지도 모르게 원상 복구되어 있었다. 토지개발을 하면서 참 신기한 경험을 하게 된 것 같다.

내 시설물은 내가 소유권을 갖는다

한 번은 배수로가 300m 밖에 떨어진 토지를 매입했던 적이 있다. 우리는 건물을 다 지었고 이제 배수관 연결 공사만이 남아있는 상태였다. 그런데 배수관 연결을 하기 위해서는 길을 전부 파고 그 아래에 이중벽관을 묻어야 한다. 최대한 빨리 공사한다고 해도 한 이틀은 걸릴 것처럼 생각 되었다. 그런데 그 길은 농로였기 때문에 우리가 길 중간으로 길을 파헤치면 경운기도 들어갈 수 없는 상황이었다. 더욱이 그 농로길 양쪽으로는 절대농지들이었고 한창 농사를 짓고 있는 논으로 둘러 쌓여 있었다. 하지만 우리는 준공을 득하기 위해 어쩔 수 없이 장비를 붙였다. 장비를 불러 길 한복판을 파헤쳤을 때 저 멀리 자전거 타신분이 다가오는 것을 알게 되었다.

"지금 여기서 뭐 하시는 건가요?"

"저 앞에 저희가 건물을 지었는데 배수로가 저 끝에 있어 가지고요. 빨리 공사해서 불편하지 않게 해 드리겠습니다."

"아니요. 지금 농사짓는 분들이 트랙터도 못 들어가는 상황이니 공사 중단하시고요. 원래대로 만들어 놓으세요."

"아니 누구신데 그러시는 건가요?"

"나 이 동네 이장입니다."

"아~ 그러세요? 일단 진정하시고 저하고 같이 식사하시면서 얘기 좀 하시죠."

그랬다. 시골지역에서는 이장님의 파워가 장난이 아니다. 아무리 큰 일도 이장님의 말 한마디면 무마가 될 수 있는 상황이란 걸 잘 알고 있었기에 나는 이장님과 식사를 하며 동네 발전기금이란 명목으로 금전을 쥐어 드릴 생각이었다.

"제가 모시겠습니다. 식사하러 가시죠."

그렇게 우리는 가까운 횟집으로 이동 했다. 이장님이 자리에 앉으셨다.

"이장님 죄송합니다. 저희가 진작 이장님을 찾아뵈었어야 하는데 누가 이 장님인줄 몰라서 이제야 인사드립니다."

"아! 그러셨어요?"

"일단 식사하시면서 약주라도 조금 드시고 화를 푸세요."

"네. 알겠습니다."

이장님은 술을 받아 드셨고 한 시간쯤 지났을까 이제 약주를 얼큰히 드신 것처럼 보였다.

"이장님! 저희가 배수로 공사 내일까지는 마무리 짓고 원상 복구해 놓겠습 니다. 그리고 저희가 마을 발전기금으로 100만원 내 놓겠습니다. 이장님이 처리해 주시면 감사하겠습니다."

"아이고 뭐 이런 걸 다~ 알겠습니다. 제가 동네에 잘 얘기해 놓을 테니 걱 정 마시고 공사하시면 됩니다."

"네. 감사합니다. 이장님"

그렇게 우리는 배수연결을 할 수 있게 되었고 약속한 이틀만에 공사를 마 무리 짓게 되었다. 그렇게 건물 준공을 득 하고 이제 매도를 위해 노력하고 있을 때 쯤 그 건설직 형님에게서 전화가 걸려왔다.

"김 이사! 얼마 전에 배수로 연결한데 있잖아"

"네. 말씀하세요."

"너네 옆집에서 너네 배수관에 배수연결하고 있던데?"

"네? 뭐라 구요?"

당장 현장으로 달려갔다. 진짜로 옆집에서 내가 묻은 맨홀에 배수 연결을 하고 있었다. 나는 생각했다. 아니 흙을 훔쳐가질 않나. 이번에는 또 남의 배수로를 까고 있네.

나는 격앙된 목소리로 얘기했다.

"공사 중단. 중단하세요"

"누구시죠?"

"땅 주인인데요. 이거 누가 시켰나요? 시킨 분 오시라고 하세요."

"사무실에 가 있을 테니 연락하라 하세요."

나는 공사를 중단시키고 내 연락처를 남긴 채 사무실로 돌아왔다. 한 참이 지나서 전화가 걸려 왔다.

"아이고~제가 관을 연결하라고 시킨 사람입니다."

"아니 사장님! 제가 그 관을 연결하려고 얼마나 고생했는데요. 직접 묻으시면 돼지. 이렇게 몰래 남의 관에 조인하시면 어떻게 하나요?"

"정말 죄송합니다. 안 그래도 전화드리고 비용드리려고 했습니다."

"얼마나 주시려구요?"

"공사비의 절반은 저희가 부담해야 하지 않겠습니까?"

"네. 알겠습니다. 그럼 공사비가 1억이 들었으니 5천만원 입금해 주세요."

"5천만원이요? 너무 무리한 금액 아닌가요?"

"아니 뭐가 무리하다는 거죠? 공사비가 진짜 1억이 들었다니까요"

"일단 알겠습니다. 전화 드리겠습니다."

그렇게 시간이 흘렀고 모르는 번호로 전화가 걸려 온다.

"네. 안녕하세요? 저는 농어촌공사 부장으로 있는 OOO입니다."

"네. 그런데요?"

"아니 사장님이 배수연결 하는데 5천만원 달라고 하셨다고 해서요"

"네. 제가 그랬습니다."

"사장님이 뭔가 잘못 알고 계시는 듯 한데 그 길이 구거부지 이거든요. 사장님이 목적 외 허가를 받으실 때 그 계약서 조항을 보시면 목적 외 허가를 받으면서 남에게 재산권을 행사할 수 없다고 나와 있습니다. 즉, 사장님은 돈을 요구하시면 안 되는 겁니다."

순간 움찔했다. 그런데 그런 생각이 들었다. 그건 구거부지를 남이 사용하는데 있어서 재산권을 주장할 수 없다는 것이지 그 관은 내가 묻어 놓은 배수관이라는 생각이 들었다.

"아니 그건 구거부지를 남이 사용하는데 재산권 행사를 못하는 거지. 이건 다른 얘기인 것 같습니다. 그 시설물은 제가 묻어 놓은 건데요. 정 불편하시면 그 사장님에게 직접 배수관을 묻으시라고 얘기해 주세요. 더 이상 할 얘기 없으니까 맘대로 하세요."

그렇게 얘기하고 나는 전화를 끊어 버렸다. 갑자기 걱정이 밀려와서 목적 외 허가서의 계약 내용을 살펴보았다. 그런데 이게 웬일 자세히 읽어 보지도 않고 계약을 했었기 때문에 그런 문구가 계약서에 있다는 사실을 전혀 인지하고 있지 않은 상황이었다. 속으로 생각했다.

'계약서는 재산권을 행사할 수 없다고 나와 있는데 이런 경우에는 어떻게 되는 거지?' 나는 궁금증이 생기기 시작했다. 딱히 물어 볼 사람이 없었다. 누구에게 물어봐야 할지도 모르는 상황이었다. 그렇게 시간이 흘러 그 옆집 사장님에게 전화가 걸려 왔다.

"안녕하셨어요?"

"네. 안녕하시죠?"

"제가 그 시설물 사용 비용을 좀 드리려고 합니다. 조금 조정해 주실 수는 없나요?"

내 말이 맞았던 것이다. 재산권 행사를 못한다는 건 그 구거부지를 사용하는 것을 얘기하는 것이지 그 아래 묻은 시설물을 사용할 때는 시설물 소유자에게 비용을 지불해야 한다는 내 말이 맞았던 것이다. 나는 그렇게 얘기했다.

"그럼 지금 바로 입금하신다고 하면 4천만원으로 조정해 드리겠습니다."

"네. 알겠습니다. 계좌 주시면 지금 당장 입금하겠습니다. 그리고 제가 추후에 동의서를 받으러 가면 도장이랑 인감 1통 부탁드리겠습니다."

"네. 알겠습니다. 당연히 해 드려야죠."

그렇게 나는 계좌번호를 알려 드리게 되었다. 5분도 채 되지 않아 입금이 되었다. 4천만원이 입금 된 것이다. 이 경험으로 나는 새로운 사실을 알게 되었다. 국유지를 사용함에 있어 재산권을 행사하지 못한다는 것이지 내가 설치한 시설물을 공유할 때는 재산권을 주장할 수 있음을 말이다.

측량을 했더니 100평이 줄어 버렸다

항상 나는 땅을 찾으러 다닌다. 그런데 함께 동업하는 사장님이 얘기하신다.

"김 이사! 내가 아는 지인이 자기가 허가까지 내 놓은 걸 나보고 가져가서 개발하라는데 어떻게 생각해?"

"왜 본인이 하시지 넘기려고 하신대요?"

"개발할 돈이 없는 거 같애."

"땅만 괜찮으면 우리가 개발해도 되죠. 한번 땅 보러 가본다고 해보세요."

"그럴까 그럼?"

사장님은 바로 아는 지인과 통화를 하는 눈치였다. 그때 당시만 해도 남이 개발하던 땅이라도 정말 좋은 위치라면 개발할 의향이 있으셨던 것 같다. 하지만 나는 아무리 땅이 좋다 해도 남이 개발하던 걸 중간에 내가 매입하여 개발할 생각은 전혀 없었다. 왜냐하면 그 땅을 결국에는 우리가 가지고 오게 되었지만 오랜 시간 매도하지 못하고 엄청난 이자에 몇 년을 고생했기 때문이다. 그 개발업자와 통화한 사장님은 이런 말씀을 하셨다.

"김 이사! 수원에 자기 사무실이 있다는데 한 번 와보라는데 한 번 가볼까?"

"네. 그러세요. 한번 가보지요"

우리는 차를 타고 그 개발업자의 사무실로 향했다. 여러번의 개발로 인해 우리도 이제 어느 정도 잔뼈가 굵은 개발업자들이었기에 우리 방문을 꽤 환영하는 듯 했다.

"안녕하세요?"

"네. 안녕하세요? 먼 길 오시느라 고생하셨습니다."

"그런데 어떤 땅인가요?"

"평수는 1,700평 정도가 됩니다. 현재 물류창고로 허가를 득 해놓은 상황입니다. 그런데 생각지도 않게 동의서 비용으로 많은 돈이 들어가서 공사할 돈이 좀 모라자서 그냥 팔려고 하는 겁니다. 그런데 일반인들에게 파는 것보다 아는 지인인 사장님에게 먼저 얘기하게 된 겁니다."

"아! 그러시군요."

그렇게 우리는 그 물건에 대한 브리핑을 받았다. 그 당시 화성시 토지시장의 분위기는 공장으로 개발하여 토목공사까지만 해 두면 꽤 높은 값에 거래되고 공사를 하면 바로 팔리는 분위기였다. 얘기를 들으면서 괜찮겠다라는 생각을 하게 됐다. 그런데 우리는 개발하기 위해 매입해 놓은 물건이 있었기에 물건의 매가로 얘기하는 10억이 꽤 부담스럽게 다가왔다. 사장님이 나를 밖으로 부르신다.

"김 이사! 어떤 것 같애?"

"물건은 참 좋은 것 같습니다. 그런데 지금 사정이 그리 넉넉하지 않거든요. 너무 욕심 부리지 마시죠. 이번 건은 그냥 패스하시죠"

"그래? 그래 알았어. 그렇게 하자"

그렇게 우리는 다시 사무실 안으로 들어갔다. 그 개발업자는 사장님에게 질문하신다.

"어떻게 가져가실래요?"

"네. 그럽시다. 우리가 가져갈게요."

순간 사장님을 쳐다봤다. 눈빛으로 그거 아니잖아요. 라고 얘기하고 있었고 사장님은 알겠다는 눈빛을 보내고 계셨다.

"김 이사! 무리하는 건 알지만 땅이 너무 탐이 난다. 우리 그냥 한번 해 보자"

"사장님 뜻이 정 그렇다면 그렇게 하겠습니다."

그렇게 우리는 그 땅을 가져오게 되었고 아직 토목공사 전인 임야 상태였기에 그 즉시 측량을 신청하게 된다. 이유는 토목공사를 진행하기 위함이었다. 경계측량을 하기 전 등록전환 측량을 먼저 해야 했다. 등록전환이라는 것이 무엇을 말하는 건지 잘 알지 못했다. 지금은 등록전환이 무엇을 얘기하는지 알고 있지만 그 때만 하더라도 측량을 해야 한다니까 그저 했던 것 같다. 측량하는 날이 되었다. 임야 였기에 산 위로 올라가 말뚝을 박았던 기억이 난다. 그런데 모든 측량이 끝나고 이상한 얘기를 하신다.

"이거 땅이 많이 줄어들 것 같은데요"

"땅이 줄어요?"

"측량을 해보니 한 100평 정도 줄어들 듯 합니다."

"뭐라구요? 100평이나요?"

"측량해서 땅이 줄어드는 건 매도인의 잘못도 아니고 매수인의 잘못도 아닙니다. 측량이 일제시대 때 하다 보니 다시 측량을 하면 한 90% 이상 면적이 달라집니다. 보통의 경우 면적이 줄어드는 게 일반적입니다."

"아! 그런가요?"

그렇게 등록 전환 측량을 마치게 되었다. 그런데 실지로 100평의 면적이 줄어들게 된 것이다. 우리는 면적이 100평이 준다는 측량 성과도를 받았다. 건물을 짓고 준공을 득 하게 되면 공부상의 면적이 바뀐다고 한다. 즉, 아직까지 공부상의 면적은 1,700평 정도라는 것이다. 그럼 평당 65만원에 매입했으니 100평이면 6,500만원이 되는 것이다. 우리는 그냥 넘어가기에는 무거운 금액 이었기에 땅 주인에게 이 사실을 알려 드렸다. 다행히 땅 주인은 면적이 줄어든다는 것을 이해하셨고 매매 금액에서 100평 값을 깎아 매매금액을 조정해 주셨다. 만약 이 상황에서 매도인이 이해하지 못하는 상황이 된다면 매수인은 그저 측량만 했을 뿐인데 앉은 자리에서 6,500만원을 날리게 되는 상황이다. 그런 생각이 들자 너무나 무서웠다. 그 후부터 임야를 매입할 때면 잔금 전 등록전환측량을 하게 되었고 계약서 특약사항에도 추후 등록전환측량 시 면적에 가감이 생기면 매도금액에도 그에 맞춰 조정하기로 한다는 특약을 적게 된 듯하다. 이에 더불어 한 가지 더 적어야 하는 것은 평당 금액이다. 그래야만 줄어드는 평수에 맞게 금액을 조정할 수 있기 때문이다. 그렇게 측량을 마치게 되었고 이제 토목공사를 진행할 수 있게 됐다. 그런데 참 신기한 일이 발생했다. 토목공사를 하던 중 매수의뢰가 들어온 것이다. 어떤 사람이 공사를 다 마치면 평당 100만원에 사 간다고 하신다. 그 때 우리는 그 땅을 매도했어야 했다. 그 때의 분위기는 너무 좋은 시장의 분위기였기 때문에 급하게 매도할 이유가 전혀 없었다. 그래서 우리는 그렇게 대화를 한 듯하다.

"제가 이 땅 매입하겠습니다. 공사가 마무리되면 평당 100만원에 매입하겠습니다."

"아니요. 우리는 매도할 의향이 없습니다. 물론 팔려고 할 거지만 추후에 공사를 다 마치고 평당 120만에 매도할 예정입니다. 죄송합니다."

우리는 제대로 갑질을 하게 됐다. 그도 그럴 것이 공사를 다 해 놓은 공장 부지는 그 때 당시 평당 120만원에 팔리고 있었기 때문에 자연스레 그런 대화를 하게 됐다. 공사가 거의 끝나 갈 때 쯤 분위기가 변해가고 있었다. 공장 부지 값이 너무 비싸다는 여론이 생겨나면서 공장부지 들이 매매가 되지 않는 상황이 되어 버리고 말았다. 실제로 공사를 마친 우리 부지를 평당 90만원에 내 놓아도 팔리지 않는 상황이 된 것이다. 한 달 한 달 내야 하는 이자날은 다가오고 땅은 팔리지 않고 하루 하루가 너무 힘들었다. 결국 그 땅은 수년에 걸쳐 거래되지 않았다. 지금은 정리되어 이미 건물이 들어와 있지만 개발을 할 그때 당시만 해도 땅 거래에는 타이밍이 있다는 것을 알게 되었다. 아직도 당시를 생각해 보면 100만원에 팔았어야 하는데 라는 생각을 가끔 한다. 시장의 분위기는 한 순간에 바뀐다는 사실을 알아버렸기 때문에 어느 땅을 매입했을 때 매도되려 하는 순간이 온다면 적자가 아닌 흑자를 예상할 수만 있다면 주저 없이 매도해야 한다는 사실을 알게 되었다.

여기 있던 우리 집 화장실 어디 갔니?

토지개발을 진행하다 보면 정말 다양한 사람들을 만나게 되는 것 같다. 무허가 건물을 철거할 때의 일이다. 우리는 무허가 건물이 있는 땅을 매입하게 됐다. 토지를 매입할 적에 토지 주인으로부터 이 무허가 건물에 대한 문의를 한 적이 있다.

"사장님! 이 무허가 건물은 철거해도 아무 상관없는 건가요?"

"네. 그 건물에 원래 사람들이 살고 있었는데 제가 소송해서 다 쫓아 낸 겁니다. 그러니까 아무 걱정 마시고 그냥 철거하시면 됩니다."

"네. 알겠습니다."

그렇게 무허가 건물에 대하여 물어 본 뒤 토지를 매입했기 때문에 우리는 등기를 치자마자 개발행위허가를 득 하였고 그 무허가 건물을 철거하기 위해 현장으로 향했다. 그런데 건물 정문 앞에 종이 한장이 붙어 있었다. 그 종이 위에 쓰여 있었던 말은 다음과 같았다.

"위 건물은 본인의 소유인 바. 동의 없이 건드리면 가만있지 않겠습니다." 라고 적혀있었다. 나는 땅을 판 매도인에게 전화를 걸었다.

"네. 안녕하세요. 토지를 매입한 사람인데요. 건물 철거하려고 오니 건물 앞에 이상한 종이가 한 장 있는데요."

"이상한 종이요?"

"네. 거기 건물이 본인 소유라고 건드리면 가만 안 있겠다고 쓰여 있는데요."

"아 정말! 신경쓰지 마세요. 그 사람들이랑 소송해서 제가 이겼으니까요. 신경쓰지 마시고 철거하시면 됩니다."

"그럼 판결문이라도 팩스로 좀 보내주시겠어요?"

그렇게 난 팩스로 위 건물은 땅 주인의 소유라는 것을 확인할 수 있었다. 장비를 바로 잡아 그 무허가 건물을 철거하게 됐다. 하루 정도 걸려 철거할 수 있었다. 철거를 진행하면서도 혹시 본인이 건물 주인이라면서 나타나는 사람이 있을까 염려하며 철거를 진행 했었다. 그런데 아무도 나타나지 않았다. 땅 주인의 말대로 아무 문제도 발생하지 않았다. 어느 날 전화 한 통이 걸려왔다.

"여보세요?"

"네. 여보세요? 무허가 건물 철거하셨죠? 그 건물 옆에 저희가 만든 화장실이 있었거든요. 그런데 그 화장실을 철거하셨더라구요. 그거 보상해 주셨으면 좋겠습니다."

"네? 화장실이요? 확인해 보겠습니다."

통화를 마치고 철거를 진행했던 장비 사장님에게 전화를 걸었다.

"안녕하세요?"

"네. 안녕하세요? 어쩐 일이신가요?"

"다름이 아니라 무허가 건물 철거할 때 그 옆에 화장실이 있었나요? 자기가 그 화장실 주인이라며 전화와서 보상해 달라는데요?"

"화장실요? 그런 것 없었습니다. 별 이상한 사람이 다 있네요."

"네. 알겠습니다."

전화를 끊고 정말 어이없다고 생각했다. 화장실이 있었더라도 그게 온전한 화장실이었을지도 모르겠고 확인도 되지 않는 건물이 자기 것이라고 우기는 사람의 말을 믿어야 하나 라는 생각이 들었다. 나는 그 화장실 주인이라고 얘기하는 사람에게 전화를 걸었다.

"아! 네. 사장님! 거기 화장실이 있는 줄은 생각도 못했네요. 사장님 말씀대로 보상하겠습니다. 얼마를 드리면 될까요?"

"백만원만 주시면 됩니다."

"네. 알겠습니다. 드려야죠. 근데 지금은 토목공사 진행하느라 여유가 없는데 돈이 마련되는 대로 지급하겠습니다. 조금만 기다려 주세요."

"네. 알겠습니다. 연락 부탁드립니다."

그렇게 통화를 마치고 난 토목공사를 진행했다. 다행히도 그 뒤론 토목공사 하는 중에는 전화가 오지 않았다. 토목공사가 끝이 나고 그 분에게서 전화가 걸려왔다.

"사장님! 안녕하세요?"

"그 때 주기로 했던 돈은 언제쯤 주실 건가요?"

"사장님! 제가 생각해 봤는데 거기에 화장실이 있었는지도 모르겠고 있었다 하더라도 그게 사장님이 지었다는 것도 확인할 수 없고 제가 어떤 근거로 돈을 드려야 할지 모르겠습니다. 못 드릴 것 같으니 문제 있으시면 소송거시면 됩니다. 그럼 법적으로 대응하겠습니다."

그렇게 얘기하고 난 전화를 끊어 버렸다. 그 순간 드는 생각은 정말 별의별 사람이 다 있구나. 그 일이 있고 나서 수년이 흘렀지만 아직까지도 문제되지 않았다. 정말 황당했던 일화다.

해가 안 들어오니 건물 높게 짓지 말라는데요

우리는 마을 안쪽에 조그마한 제조장을 짓기 위해 토지를 매입했다. 계획관리지역의 토지였기 때문에 제조장을 짓는 건 큰 무리가 되질 않았다. 그런데 보통 공장의 높이가 9m 정도였기 때문에 공장을 짓게 되면 공장 바로 뒤에는 해가 잘 들지 않는다. 우리가 건축공사를 준비할 때 쯤 동네 이장님을 만나게 됐다.

"여기 공장 지으려고요?"

"네. 조그맣게 한 동 지으려고 합니다. 마을에 불편함이 생기지 않게 빨리 짓도록 하겠습니다."

"공장 높이가 어떻게 되나요?"

"한 7~8m 정도 될 겁니다."

"그럼 이 뒷집에는 해가 잘 들지 않겠네. 그렇게 높게 건물 지으면 안될

거 같은데"

"네? 그게 무슨 말씀이세요? 그런 일 없을 겁니다."

"아니야! 내가 생각할 때 해가 안 들어 올 것 같아. 건물 짓지 마"

"아니 그게 무슨 말씀이세요? 건물 지으려고 땅 산건데 건물을 짓지 말라니요?"

"그럼 공장을 좀 낮게 짓던가?"

"에이 이장님 저희가 원하는 건물이 있는데 어떻게 건물을 낮게 짓나요? 그럴 거면 그냥 안 짓는 게 낫지요"

"암튼 해가 안 들어올 것 같으니까 짓지 않았으면 좋겠네."

말도 안 되는 소리를 들은 것이다. 건물을 짓지 말라니 말이다. 우리는 절대 그럴 수 없었다. 건물을 지어주는 조건으로 이미 들어올 사람에게 토지를 매도해 버렸는데 건물을 지어주지 않으면 계약 위반으로 우리는 돈을 물어 줘야 하는 상황이 된다. 그 순간부터 이장님을 설득하기 시작했다. 이장님 댁에도 놀러가서 같이 약주도 하고 이장님의 수족이 되어 일을 도와 드렸다. 지금 생각하면 내가 무슨 잘못을 했길래 그런 생활을 해야만 했는지 잘 이해 되지 않지만 그 때만 해도 법을 잘 모르던 나는 그렇게 하는 것 말고는 다른 방법이 없는 줄로만 알았다. 지금 비도시지역에는 일조권 제한이 없다는 걸 알고 있지만 그 당시에는 그런 법규를 전혀 알지 못했기에 해가 들지 않을 것 같다는 이장님의 말은 내가 하고 있는 일 자체가 법적으로 문제가 되는 것으로 생각했었다. 나는 이장님의 수족이 되어 일을 도왔고 이장님의 허락으로 건물을 지을 수 있게 됐다. 토지개발을 내 업으로 삼고 일을 진행해 왔지만 정말 많은 경험을 하게 된 듯 하고, 그 때 그 시절의 경험들로 지금의 나 김 공인이 만들어지게 된 것이라 생각한다.

마을 안쪽에 사 놓은 주택부지 스님이 목탁을 친다.

나는 토지개발을 진행하면서 전원주택 개발을 많이 했다. 부지를 조성하게 되면 분양을 했어야 했는데 땅을 파는 일은 토지개발의 과정 중에 가장 어려운 작업이다. 지금은 분양의 이유로 2차선변 물건만을 고집하고 있지만 그 시절에는 젊어서 였는지 몰라도 그냥 하면 될 거라고만 생각했었다. 그래서 조성해 놓은 전원주택 부지를 분양해야만 했다. 그 때 있었던 일화를 소개하려 한다. 먼저 결론부터 얘기하자면 전원주택 부지만큼 팔기 어려운 것이 없다는 것이다. 지금도 토지개발을 진행하고 있지만 가장 피하는 개발이 바로 주택단지 개발이다. 가장 어려운 것이 전원주택 개발이라고 생각하고 있다. 왜냐하면 전원주택지는 내가 건물을 짓고 거주할 공간이기 때문에 주위환경이나 배산임수, 여러 가지를 만족해야만 분양이 되기 때문이다. 아무래도 근·생 시설 등은 방향을 따지지 않지만 주택지는 방향이 아주 중요하고 남향이 아니면 분양하기 힘들다고 얘기하는 것이 당연하게끔 생각되어지곤 했다. 나는 전원주택 부지를 만들게 되었고 이제 남은 건 분양하는 일만이 남아있는 상황이었다. 전화가 걸려왔다.

"여보세요?"

"네. 안녕하세요? 제가 전원주택 부지를 알아보고 있는데 땅 좀 보러가도 될까요?"

"그럼요! 당연히 오셔도 됩니다."

그렇게 한참을 기다려 손님이 오셨다. 그런데 혼자서 온 것이 아니라 한 스님과 같이 땅을 보러 온 것이다.

"제가 풍수를 좀 따지는 편이라 집을 직접 짓고 살 집이라서 스님을 모시고 풍수를 한번 보려고 합니다. 폐가 되지는 않겠지요?"

속으로 생각했다. '폐가 많이 돼 임마 ~ 무슨 땅 하나 사면서 정말 별 짓 다하는 구나'라고 생각했지만 그렇게 얘기할 수는 없었다.

"폐라니요? 당연히 알아 보셔야죠. 집을 짓고 사셔야 하는 곳인데"

그렇게 우리는 현장으로 향했다. 스님을 모시고 땅을 보러 가게 될 줄이야. 현장에 도착했다.

"여깁니다. 이제 둘러보시면 될 듯합니다."

참 신기한 광경을 목격했다. 스님이 내가 만든 현장에서 목탁을 치신다. 한참 목탁을 치던 스님이 매수자에게 뭐라고 하고는 돌아가자는 말을 했다.

나는 궁금하지 않을 수 없었다. 그래도 내 땅이 어떤지 부지를 조성한 사람이라면 당연히 궁금할 것이다. 난 그 매수자에게 스님이 뭐라 하시는지 물어보게 되었다.

"저기 스님이 뭐라고 하시나요?"

"참 죄송스런 말씀이지만 풍수가 굉장히 안 좋다고 합니다."

"풍수가 안 좋다고요?"

"그러한 이유로 여기 부지는 매수하기 힘들 듯 합니다. 죄송합니다."

"아~ 괜찮습니다. 안 좋다는 얘기를 듣고 매수하실 수는 없는 거니까 전 괜찮습니다."

속으로 생각했다.

'뭐지 이 상황은? 할 말이 없다. 안사도 좋으니까 빨리 내 눈 앞에서 없어졌으면 좋겠다.'

아주 화가 있는데로 났다. 안 사면 안 사는 거지 별 이상한 말을 듣게 될 줄이야.

이러한 이유로 꽤 오랜기간에 걸쳐 그 부지를 분양하게 되었고 다시는 전원주택 개발을 하지 않으리라 다짐을 하게 되었다.

주위 환경에 어울리지 않는다고요?

　나는 생각지도 않은 경험을 하게 됐다. 토지를 매입하여 제조장으로 개발행위허가를 득 했다. 토목공사를 진행했었고 이 상태로 매도되지 않으면 건물을 지어 매도하려는 계획을 갖게 되었다. 부지를 찾는 사람들도 많이 있었지만 조그마한 공장이 한 동 지어져 있는 물건을 찾는 사람들도 많이 있었기 때문에 먼저 토목공사만을 진행한 뒤 부지로 매도를 해보고 잘 매도 되지 않으면 건축허가를 받아 건물을 신축하는 작업을 했었다. 부지를 조성해 놓았지만 쉽게 매매되지 않는 상황이었다. 회의 끝에 자그마한 건물을 한 동 짓기로 결정했다. 제일 먼저 해야 할 일은 건축 허가를 받는 일이었다. 친분이 있던 건축사 형님에게 건축허가를 부탁했다. 이제 좀 시간이 지나면 당연히 나오게 될 건축허가를 받고 착공계를 작성한 뒤 건물을 지어 매도하는 일만 남게 됐다. 그런데 건축사 형님에게 전화가 걸려왔다.

　"여보세요? 형님! 건축허가 나왔나요?"

　"그게 김 이사! 건축허가가 반려됐어"

　"네? 뭐라구요? 허가가 안났다구요?"

　"건축허가를 접수했는데 허가가 반려됐네"

　"이유가 뭔데요? 왜 허가가 안나는데요?"

　"그게 이유가 좀 황당해서"

　"무슨 이유인데요?"

　"주위 환경과 어울리지 않는 건축물이기 때문에 허가를 내 줄 수 없데"
"뭐라구요? 그게 이유인가요? 그 옆에 있는 공장은 뭐에요 그럼? 건물 못 짓게 할거면 개발행위허가에서 허가를 반려했어야지. 개발행위허가는 내 주고 건축허가에서 건물 못짓게 하는게 말이 되나요?"

"나도 좀 당황스럽긴 한데 뭐라 할 말이 없네"

난 도저히 이해 할 수 없었다.

"알겠습니다. 형님 제가 시에 들어가 보겠습니다."

그 길로 나는 시청으로 향했다. 한 30분쯤 지나 건축과에 들어갔다.

"여기 00지역 담당자가 누구십니까?"

"네. 제가 00지역 담당자인데요."

"당신께서 건축허가 반려하신 분이신가요?"

"반려요? 무슨 말씀이신지?"

"00지역 건축허가 건 담당자시죠?"

"네. 그렇습니다."

"주위 환경과 어울리지 않는 시설이라 하여 허가가 반려되었는데 이 옆에 공장들은 그럼 어떻게 허가가 난 건지요?"

"그건 제가 허가를 내 준 게 아닙니다."

"그걸 지금 말이라고 하시는 건가요?"

"아니 도대체 어떤 근거로 개발행위허가까지 받아 놓은 토지에 건축허가를 반려하시는 겁니까?"

"여기 조항 보세요. 담당자의 재량으로 환경과 어울리지 않으면 반려하게 되어 있잖아요. 제가 볼 때는 제조장 시설은 주위 환경과 어울리지 않습니다."

"뭐라 구요? 이런 억지가 어딨습니까? 개발행위허가도 제조장 시설로 허가를 득 하였는데 건축허가에서 반려된다는 것이 이해할 수 있는 일인가요?"

주위 담당자가 나를 끌고 밖으로 나간다.

"저분 대단하신 분입니다. 하루가 멀다 하고 민원인들이 찾아오셔서 우리 도 골치 아파요. 그러지 마시고 다음 달이면 담당자가 바뀔 것 같으니까 한 달만 참으시면 한 달 지나서 꼭 허가 처리해 드리겠습니다."

"정말이지요?"

"네. 제가 책임지고 허가 처리해 드릴게요"

"네. 알겠습니다."

그리고 우리는 다시 건축과 안으로 들어갔다. 난 그 담당자에게 말을 했다.

"일단 허가 반려 된 건 이해하고 넘어가겠습니다. 그런데 이런 식으로 행정을 하면 곤란한 민원인들이 많이 발생할 듯 합니다. 그러니까 좀 유두리 있게 처리해 주시면 감사하겠습니다."

그렇게 얘기하고 나는 사무실로 돌아왔다. 건축사 형님에게도 얘기했다. 그 옆에 계시던 분이 담당자가 한 달 정도면 바뀔 거니까 책임지고 허가 처리해 준다고 했던 말을 형님에게 그대로 전했다. 한 달이라는 시간이 지난 후에 다시 건축허가를 접수하게 됐다. 이 번에는 약속한 것 이상으로 보름 만에 허가를 득할 수 있었다. 그렇게 건축물을 짓게 되었다. 이 일로 인해 건축허가도 담당자 재량으로 얼마든지 허가가 득 하지 못 할 수 있음을 알게 되었다. 건물을 못 짓는 이유가 주위 환경과 어울리지 않는 시설이라고 한다. 정말 당황스러운 경험을 하게 되었다.

좋은 말로 할 때 계약 없던 걸로 합시다

토지개발을 진행하고 많은 토지를 매입하면서 나도 모르게 알아버린 것이 하나 있다. 그것은 농지보다 임야를 개발하면 개발에 따른 국고세금을 적게 낸다는 것을 알게 된 것이다. 개발행위허가를 득 하게 되면 개발에 따른 부담금을 납부해야 하는데 농지를 개발하면 공시지가의 30% 만큼의 세금을 내게 된다는 것이고, 임야는 30%가 아닌 약 1만원 정도의 부담금을 납부하면 되는 것이었다. 개발을 진행하면서 농지에 대한 부담금을 농지보전부담금이라 불렀고 임야에 대한 부담금을 대체산림자원 조성비라 부른다는 것을 알게 되었다. 농지보다 임야를 개발하면 부담금을 적게 낸다는 것을 알고 우리는 임야를 매입하기 위해 조금 더 노력을 하게 됐다. 주위에 많은 동네 이장님을 알아야 했다. 어쩔 수 없었던 것이 동네 땅들은 거의 이장님 손에 매도 여부가 달려 있었기 때문에 하루가 멀다 하고 동네 이장님들과 점심을 같이 먹게 되었다. 여느 날과 같이 동네 이장님과 점심식사를 하는데 이장님이 임야를 가지고 계신다는 것을 알게 되었다. 지번을 물어 보아 이미 지적도를 통해 토지의 위치나 특성들을 미리 파악했다. 용도지역은 계획관리지역의 땅이었으며 4m 도로에 접해 있었고 지목은 임야이지만 인삼밭으로 사용했기 때문에 현황이 전으로의 모습을 가지고 있었다. 우린 토목 사무실로 그 번지를 대고 만약 개발을 진행하면 나오게 될 세금을 미리 계산해 보았다. 현장은 임야의 모습이 아니었지만 여러 가지 이유로 그 토지는 지목이 임야였기에 임야에 대한 국고세금을 납부하면 된다는 것을 알게 되었다. 그리고 현장이 도로와 평행한 밭의 모습이었기 때문에 우리는 토목공사비도 그리 많이 들어갈 것 같지 않았다. 그 토지를 매입하기로 결정했고 그 결정이 있은 후에 이장님을 만나 식사를 하게 됐다. 조심스럽게 입을 열었다.

"이장님! 가지고 계신 임야 있잖아요?"

"내가 가지고 있는 임야 말인가?"

"네. 그 토지 매도하실 생각 없으세요? 혹시 매도할 의향 있으시면 저희가 매입하겠습니다."

"아 그래? 생각 좀 해 볼게"

"이장님! 저희가 평당 50만원에 매입 할 테니까 저희에게 파시죠."

그 땅은 약 1,400평 정도였다. 우리는 평당 50만원을 제시했으니 매매가로 7억원에 달하는 금액이었다.

"이장님! 저희가 50만원에 드리는 건 파격적인 제안이란거 알고 계시죠?"

"알고 있네. 조금만 생각해 보고 연락하겠네."

그렇게 우리는 매입제안을 한 뒤 다른 땅을 또 찾고 있을 무렵이었다. 이장님에게서 전화가 걸려 왔다.

"여보세요? 네 이장님이세요?"

"전에 얘기 했던 그 땅 말이지. 그거 그냥 매도하려고 하는데"

"아이고 이장님 잘 생각하셨습니다. 저희와 매매 계약을 진행하시면 됩니다"

그렇게 우리는 토지를 매입하게 되었다. 하지만 그 토지를 매입하려는 순간엔 화성시가 토지거래 허가구역이었다. 계약을 했다 해도 유효한 계약이 되기 위해서는 매수자의 이름으로 개발행위허가를 득한 뒤 허가증을 첨부하여 시로부터 토지거래허가를 받아야 유효한 계약이 되는 것이다. 사무실에 모여 계약금을 지불하고 매도인의 사용 승낙서를 받아 매수자 명의로 개발행위허가를 신청하게 됐다. 개발행위허가를 신청하게 되면 개발에 따른 국고세금인 대체산림자원 조성비와 토목 설계비를 지불해야 한다. 허가를 득하고 허가증을 수령하려고 할 때 지급하면 된다. 우리는 한 달 정도를 기다려 개발행위허가를 득할 수 있었다. 대체산림자원 조성비와 토목 설계비로 몇천만원 정도를 사용하게 됐다. 이제 시로부터 토지거래허가를 득 하면 된다. 토지거래허가를 신청하기 위해서는 매도인의 인감 1통과 매수인의 인감 1통이 필요하게 되는데 우리는 매도인의 인감을 받기 위해 사무실에서 약속을 했다.

"안녕하셨어요? 이장님"

분위기가 이상하다. 이장님이 웃지 않으신다. 이장님이 입을 여신다.

"저기 드릴 말씀이 있습니다."

"뭔데 그러세요?"

"이 계약 없던 일로 했으면 좋겠습니다."

"네? 뭐라구요?"

"이 계약 없던 일로 했으면 좋겠다구요."

"이장님! 갑자기 왜 그러시나요?"

"한참을 고민했는데 그 토지를 판돈으로 하고 싶은 일이 없습니다. 그냥 나중에 팔고 싶은데요."

"이제 개발행위허가 득 해서 토지거래허가만 받으면 되는데 그러지 말고 파시면 어떨까요:?"

"아니요. 받은 계약금 돌려드릴 테니 없던 일로 했으면 좋겠습니다."

"아니요. 이장님 계약금만 돌려주시면 안 되구요. 개발행위허가 받으려고 국고세금이나 토목 설계비를 지불했으니 그 금액까지 물어주셔야 될 것 같습니다."

"이 어린 친구가 말귀를 못 알아먹네."

"토지거래 허가구역이라 허가 받기 전까진 계약이 유효하지 않는거 모르나?"

"그건 잘 모르겠고 저희가 무슨 잘못 한 것 도 아니고 배액을 물어달라는 것도 아니고 파기하시려면 적어도 저희가 들어간 비용은 물어주셔야 파기를 해 드리는 것 아닌가요?"

"아! 진짜 이런 식으로 나오면 법대로 하는 수가 있습니다."

처음으로 토지개발을 진행하며 법이란 얘기를 듣게 되었다. 심장이 벌렁벌렁한 것이 이제 큰일 난거 같았다. 하지만 들어간 비용이 있었기 때문에 그 비용을 반기 전에는 계약을 파기할 생각이 1도 없었다.

"아니 그럼 법대로 하세요. 도대체 제가 무슨 잘못을 했는지 모르겠습니다."

"그래 알았네. 법대로 하지"

그렇게 이장님은 사무실 문을 열고 나가셨다. 네이버 검색을 하기 시작했다. 누구에게 물어봐야 할지도 모르는 상태였기에 나는 하루 종일 네이버 검색을 했던 기억이 난다. 그렇게 검색을 하던 도중 협력의무위반이라는 문구를 보게 되었다. 내용인 즉, 토지거래허가구역 내의 매매계약은 유동적 무효 상태로 유효도 아니고 무효도 아니었다는 것이다. 추후 토지거래허가를 받으면 소급해서 유효한 계약이 되는 것이었다. 그런데 토지거래허가를 받기 전 매도인과 매수인은 계약 철회 의사를 할 수 없다는 것이고 만약 계약 철회 의사 표시를 하게 된다면 토지거래허가를 신청하기 위한 협력의무 위반이 된다는 것을 알게 되었다. 얼마 지나지 않아 법원에서 소장을 받게 되었다. 진짜로 이장님은 소송을 걸으셨고 우리는 변호사를 선임하게 되었다. 변호사에게 토지거래허가구역 내 매매에 대해 알려주기 시작했고 매도인이 지금 토지거래허가를 협조할 협력의무 위반을 하고 있는 것이라 설명했다. 법원 판결이 있기 전 매도인과 매수인이 판사 앞에서 만나 조정을 하게 됐다. 조정실 판사 앞에서의 대화이다. 판사님이 얘기 하셨다.

"매도인은 계약금 얼마 받으셨나요?"

"6천만원 받았습니다."

"왜 돈 받으시고 땅을 넘기지 않으시는 거죠?

".........."

매도인은 아무 말도 하지 못한다. 판사님이 얘기하신다.

"3초 내에 대답하세요. 땅 넘기실 건가요? 아님 배액이랑 정신적 피해 보상비를 물어 주실건가요. 셋 세겠습니다. 답변하세요."

"하나 둘 셋. 매도인은 땅 안 넘기는 걸로 하고 매수인에게 배액배상과 함께 정신적 피해 보상비 5천만원을 합하여 1억 7천만원 물어주시면 됩니다.

조정 끝내겠습니다. 나가보시면 됩니다."

이렇게 쿨한 조정이 있을까라고 생각이 들었다. 얼마 지나지 않아 우리는 법원으로의 판결문을 받게 됐다. 판결문의 내용은 매도인은 이달 말까지 매수인에게 1억 7천만원을 배상하라는 내용이었다. 그렇게 1년여의 법 공방이 마무리 되는 순간이었다. 지금은 그냥 경험담으로 아주 태연하게 얘기하고 있지만 소송에 걸리고 변호사를 만나고 여러 번의 의견이 왔다 갔다 하면서 받은 정신적인 스트레스가 말이 아니었다. 돈을 벌어도 시원치 않은 판에 소송을 하고 있었으니 그 때 심정은 이루 말할 수 없었다. 그렇게 이장님을 만나 그 토지에서 담보 대출을 얻어 1억 7천만원을 지급 받았다. 난 토지개발을 진행하며 처음으로 행하게 된 소송에서 협력의무위반으로 승소를 하게 되었다. 절대 잊을 수 없는 경험의 순간이었다. 이 때 이일로 알게 된 것은 소송의 기간이 보통 1년이 되지만 소송에서 이기게 되면 돈을 벌 수 있다는 사실을 알게 되었다.

토지시세가 100만원? 난 200만원에 팔았다

나는 토지에는 시세가 없다는 얘기를 종종하곤 한다. 2차선 도로변에 토지를 매입하게 되었고 개발행위허가를 득 하고 토목공사까지 완료하게 됐다. 이제 매도를 해야 했다. 인근 부동산에 들러 근처에 거래되고 있는 가격을 알아보고 내 토지가 얼마에 매도될 수 있는지를 파악하게 됐다.

"이 근처 토지는 얼마 정도에 거래되고 있는지 금액이 궁금합니다."

"2차선변의 토지들은 평당 100만원 정도 합니다."

"100만원이요? 제가 원형지를 매입할 때 평당 150만원을 주고 매입했었는데요"

"어떤 땅을 그리 비싸게 주고 사셨는지는 모르겠지만 지금 도로변 시세는 100만원 내외라고 생각하시면 됩니다."

"그럼 도로변에 200평 정도이고 개발행위허가를 득 하고 토목 완료된 부지들은 얼마나 받을 수 있을까요?"

"글쎄요. 좋은 조건이긴 하지만 평당 120만원 이상 받기는 힘들지 않을까요?"

"네. 알겠습니다."

나는 약 1년 전 도로변 농지를 평당 150만원에 매입했다. 매입한 이유는 작고 아담한 토지였고 계획관리지역이며 도로에 딱 접해 있었기 때문이다. 이제 개발행위허가를 득 하고 토목공사까지 완료했는데 인근 부동산에서는 평당 120만원 이상 받기 힘들 것이라고 얘기하고 있다. 그럼 원형지를 평당 150만원에 산 나는 뭐란 말인가? 내가 이 동네 사정을 모르는 사람도 아니고 이곳 화성에서 수년간 토지개발업을 진행하고 있는데 말이다. 순간 내 물건은 그냥 내가 팔아야겠다 라는 생각을 하게 됐다. 도로변 토지였기 때문에 현수막을 제작하여 토지위에 박아두면 되겠다는 생각을 하게 된 것이다. 그렇게 간단한 문구와 함께 현수막을 제작하게 됐다. 정말로 많은 문의 전화를 받을 수 있었다. 어느 날 문의 전화를 받게 됐다.

"네. 여보세요?"

"길을 지나다 현수막 보고 전화드렸습니다."

"아! 네. 그러시군요."

"현수막이 꽂혀 있는 그 토지를 매도하시는 건가요?"

"네. 그렇습니다."

"평당 얼마에 매도하시나요?"

"평당 200만원입니다."

"얼마요? 평당 200만원이라구요? 무슨 시골지역에 땅이 이렇게 비쌀 수 있나요? 너무 비싼거 아닌가요?"

"저기 죄송한데 제가 땅 주인인데요. 주인에게 땅이 왜 이리 비싸냐고 물어 보시는 건 예의가 아닌 듯 합니다."

"아! 죄송합니다. 너무 놀래가지고요"

"안 사실 거면 이만 끊겠습니다."

나는 이런 식의 통화를 하곤 했다. 손님들은 사지도 않을 거면서 금액만을 물어보기 시작했고 내가 팔려는 금액을 얘기하면 기분 나쁠 정도로 놀라는 것이 보통이었다. 하지만 난 이런 놀라움에도 전혀 위축되지 않았다. 그 이유는 내 물건에 대한 확신이 있었기 때문이다.

그 누가 뭐라 해도 정말 최고의 조건이라고 생각했으며 어떤 물건과도 비교될 수 없는 조건의 토지라고 자부했기 때문이다. 나는 3개월을 당당하게 이렇게 통화를 했던 기억이 난다. 그러던 어느 날 전화 한통을 받게 됐다.

"네. 여보세요?"

"현수막 보고 전화드렸는데 그 물건 평당 얼마에 내 놓으신 건가요?"

"평당 200만원입니다."

"평당 200만원이요?"

또 똑같은 말을 할 것이란 생각이 들었다.

"네. 평당 200만원 입니다."

"땅 값이 왜 이리 저렴한가요? 제가 볼 때는 평수도 아담하고 공사까지 완료되어 있어서 많이 비쌀거라 생각했는데요."

드디어 물건의 가치를 알아보는 매수자를 만나게 된 것이다.

"네. 용도지역 또한 계획관리지역이기에 사장님이 무엇을 원하시든 모두 가능한 지역이고요. 2차선 도로변에 이렇게 아담한 물건은 찾기 힘드실 겁니다. 게다가 개발행위허가를 득해 놓았고 토목공사까지 완료되어 있는 상태이기 때문에 이 땅과 견줄 어떤 물건도 없을 거라 예상됩니다. 정말 최고의 위치에 최고의 조건을 가지고 있는 토지라 생각됩니다.."

"정말 그런 것 같습니다. 제가 이 동네 부동산에 들려 이런 물건이 있나 찾아봤는데 이런 조건을 가진 땅은 본적도 없고 나와 있는 매물도 거의 없더라고요."

"네. 알아보셨겠지만 평당 금액은 싸지 않은 것이 맞지만 물건의 가치로 볼 때 이런 조건의 땅은 찾지 못하실 거라 생각됩니다.."

"제가 이 땅 계약하고 싶습니다. 어떻게 해야 할까요?"

그렇게 나는 평당 200만원에 매도를 하게 됐다. 매수자에게 거짓말을 한 것이 하나도 없다. 인근 부동산에 가시면 평당 금액이 절대 싼 것이 아니라고 얘기했고 물건의 특성만을 얘기했던 것이다. 그럼에도 불구하고 매수자는 물건의 가치를 정확히 파악했고 평당 200만원임에도 불구하고 매입의사를 표했다. 이 일이 있은 후에 나의 생각은 확고해진 듯 하다. 토지는 절대평가 할 수 없다는 것을 말이다. 즉, 이 동네 시세가 어떻게 돼냐는 말은 아주 유효한 말이 아니다. 토지는 각기 개별성이 너무 뛰어나기에 절대평가해서 얘기할 수 읽고 세상에 똑같이 생긴 토지는 하나도 없다. 그 이유로 토지는 시세가 존재하지 않음을 얘기하고 싶다. 이때부터 난 2차선 도로변 물건을 사기 시작한 듯 하고 매도할 적에는 꼭 현수막을 달아 내가 직접 매도하게 되었다.

중도금을 넣고 한 계약이 소송으로 갔다

한번은 토지개발을 진행하면서 정말 힘들었던 경험을 하게 되었다. 나와 동업자인 사장님은 법인의 대표이사이다. 한적한 동네에 제조장으로 개발할 땅을 찾게 되었다. 근데 땅이 정말 신기하게 생겼었다. 사슴뿔처럼 생겼다고 얘기해야 할 듯하다. 우리는 제조장으로 인허가가 가능하다는 얘기를 듣고 계약을 하게 됐다. 약 8억원 정도가 되는 규모의 토지였는데 계약금 1억을 지불했고 개발행위허가를 득 하면 중도금 3억을 지급하기로 했다. 계약하면서 생각은 개발행위허가를 득 하면 감정가가 꽤 나오기 때문에 매도인의 담보제공을 통해 중도금을 납부하기로 했다. 그런데 이러한 점을 미리 매도인과 상의했어야 했다. 중도금 납부계획을 설명하지 않다 보니 매도인은 우리가 허가를 득 하면 우리가 가진 돈으로 중도금을 납부한다고 생각했던 것이다. 개발행위허가를 득 하였고 중도금 납부시기가 되었다. 매도인에게 전화를 걸었다.

"여보세요? 매도인 사장님 되시나요?"

"일전에 사장님 땅을 매수한 매수자입니다. 다름이 아니고 이제 개발행위허가를 득 해서 중도금을 드리려고 합니다."

"아! 네. 그러시군요. 그럼 중도금 날짜에 뵙겠습니다."

"아니 그게 아니구요. 중도금을 드려야 하니까 은행에 같이 가셔서 담보제공을 해 주시면 됩니다."

"네? 뭐라고요? 담보제공이요?"

"네. 그걸 해 주셔야 대출을 얻어 중도금을 드릴 수 있습니다."

"아니 내 땅을 팔면서 내가 왜 담보제공을 합니까?"

"아니 사장님 이미 사장님은 저에게 땅을 파신 거잖아요. 어차피 이자를 제가 갚는데 무슨 상관이신가요?"

그 땅의 지주는 연세가 지긋한 어르신이었다. 너무 옛날 사고방식에 사로 잡혀 내말을 이해하지 못했다. 그냥 땅을 팔았으니 매수자는 자기 돈으로 땅값을 지불해야 한다고 생각하신 것이다.

"아니 이 사람이 정말 웃기는 사람이네요. 무슨 상관이냐니요? 전 그런 계약 진행 못하고 은행에도 갈 생각이 없으니까 중도금 날짜에 중도금 납부 하세요"

"사장님 담보제공해 주시면 대출이 나오는데 좀 도와주시면 안 될까요?"

"네. 그렇게는 힘들 듯 합니다."

그리고는 전화를 끊어 버렸다. 이제 큰 일 났다. 중도금 대출을 얻어 지급할 계획을 가지고 있었기 때문에 중도금을 납부할 그 어떤 준비도 되어 있지 않았다. 중도금 날짜가 되었다. 당연히 우리는 약속을 지킬 수 없었고 계속 매도인과 통화를 시도하여 담보제공을 부탁드리려 했다. 그런데 매도인은 전화를 받지 않는다. 그렇게 조금 시간이 지나 우리는 계약을 해지한다는 내용증명을 받게 되었다. 내용은 대충 이러했다.

'귀하는 000번지의 매수자이지만 매매계약서에 적혀 있는 중도금 날짜에 중도금을 지급하지 않았기에 매도인은 계약금을 몰수하고 계약을 해지한다' 라고 적혀 있었다. 부랴부랴 변호사를 선임하게 되었고 변호사 선임 내용은 '이미 매도인은 계약으로 인해 물건에 대한 아무런 권한이 없음에노 불구하고 중도금을 지급하려 하는 매수인의 담보제공의 부탁에 응하지 않아 중도금 납부가 되지 않았기에 중도금 날짜를 지키지 못한 매수인에게 계약해지 통보를 한 것은 부당하다고 해야 할 것이다.' 라는 내용이었다. 시간이 흘러 판결을 얻을 수 있었다. 이유를 막론하고 중도금 날짜에 중도금을 지불하지 않은 것은 우리의 잘못이라는 판결이었다. 해서 계약금을 몰수당하고 계약

해지가 되고 말았다. 이 일로 인해 나는 계약 시 중도금을 계약서에 넣지 않게 되었으며, 토지개발에서 개발행위허가를 득 하는 조건으로의 계약이더라도 최대한 빠른 시기에 잔금을 지급하겠다는 방식으로 계약의 형태를 계약금, 중도금 없이 잔금지급으로 계약을 하게 되었다.

OO을 빌려주면 6개월 뒤 OO을 주겠다고 한다

토지개발업자로 살아 온 시간도 꽤 오랜 시간이 지났다. 난 그동안 수많은 건의 토지개발을 진행하게 되었고, 어느 시점에 가장 자금이 필요한지를 자연스레 알게 되었다. 개발업자가 자금이 필요한 순간은 토목공사를 하기 위한 자금을 사용할 때인 것 같다. 예를 들어 개발행위허가를 득 하면 대출을 얻을 수 있게 되는데 이 시점에 대출의 규모를 더 크게 하기 위해서 먼저 일부 토목공사를 진행하게 되면 더 많은 대출을 얻을 수 있게 된다. 한번은 이런 제안을 받게 됐다.

"김 이사! 현금 가진 것 좀 있나?"

"현금이요? 얼마나요?"

"한 OO 정도"

"OO이요? 뭐 하시게요?"

금액은 책에서 다루기에는 좀 부담스러운 면이 있기에 OO으로 처리하겠다.

"내가 사 놓은 땅이 하나 있는데 개발행위허가는 다 득해 놓았는데 일부 토목공사를 진행하면 은행에서 많은 자금을 대출해 줄 수 있다는데 토목공사 할 돈이 없어서 말이야"

난 이 개발업자의 말이 거짓이 아니라는 것을 알 수 있었다. 왜냐하면 나도 많은 대출을 얻기 위해 일부 토목공사를 진행했던 적이 많이 있었기 때문이다.

"사장님! 제가 현찰을 가지고 있지는 않고 현금을 만들 수는 있을 것 같은데요. 만약에 제가 돈을 빌려 드리면 어떻게 해 주실 건데요?"

"어떻게 해 주면 될지 한번 얘기해 보겠나?"

"6개월 사용하는 걸로 하시고 00을 빌려드리면 6개월 후 00을 주시겠습니까?"

"그래 알았어. 그렇게 할게"

"그리고 또 한 가지 혹시 모를 일을 위해 땅에 근저당설정 부탁드립니다. 약속한 날짜에 돈 지급해 주시면 말소해 드리겠습니다."

"그래 알았어."

그 후로 나는 자금을 동원할 수 있었고 근저당설정과 동시에 개발업자 통장으로 입금하게 됐다. 그 개발업자는 나와 굉장히 오랜 시간동안 인연이 있던 사람이었기에 절대 실수할거라는 생각은 하지 않았다. 물론 이런 일은 쉽게 일어날 수 없을 것이다. 신뢰가 있어야 할 것이고 그 자금 사용 내역을 정확히 이해하고 그 돈이 회수가 된다는 것도 알고 있어야 한다. 일반인들은 절대 상상도 하지 않기를 바란다. 내가 지금 이런 얘기를 하는 것은 개발업자들의 현금기대의 시장이 있나는 걸 알려주기 위함이기에 여러분은 그냥 이런 시장이 존재하는구나 라고 생각하면 될거 같다. 그렇게 6개월이 지나난 약속했던 금액을 받을 수 있게 되었고 땅에 설정했던 근저당을 말소하게 됐다. 개발업자끼리는 신뢰가 생명이기에 한번의 실수는 돌이킬 수 없다는 것을 잘 알고 있기에 이런 일이 가능했던 것이다. 토지개발업자들의 세상은 일반인들이 상상할 수도 없는 엄청난 시장이다.

검찰에 고소당했다

한번은 토지개발을 진행하면서 검찰에 고소당한 적이 있다. 토지개발을 진행하다 보면 내가 범법자가 될 수도 있다는 것을 명심하여야 한다. 비닐하우스 1m를 치웠을 때를 기억할 것이다. 그 때 과연 무슨 일이 있었던 걸까?

"사장님! 천만원 드릴 테니 동의해 주실 거죠?"

"네. 알겠습니다."

그렇게 우리는 마무리 되는 줄로만 알았다. 그런데 그 일로 원한을 사게 됐다. 비닐하우스를 치우게 된 그분은 앙심을 품게 된 것이다. 원래 일정규모 이상의 토목공사가 진행이 되면 현장을 가리고 공사를 해야 한다. 왜냐하면 현장 내에서 많은 먼지가 발생하기 때문에 먼지를 막기 위해 현장을 가려서 공사를 해야한다. 그런데 솔직히 하루에 한 명 정도 왔다 갔다 하는 시골 지역에서 그 가림막 즉, 방진막을 설치하고 공사를 진행하는 곳은 거의 찾아보기 힘들 정도이다. 하지만 의무사항이다. 도심지 내에 공사하는 곳을 생각해 보자. 펜스로 현장 내부를 모두 가리고 공사하는 것을 알 수 있다. 이를 가리켜 방진막이라 하는데 일정 규모의 모든 공사에 적용된다. 우리는 현장 내부에서 발생하는 흙을 덤프트럭으로 운반하게 됐다. 얼마 지나지 않아 검찰청으로부터 우편물을 하나 받게 됐다. 벌금 고지서였다. 우편물 안에는 우리 현장에서 흙을 나르는 덤프트럭의 모습이 찍혀 있었고 벌금 고지서가 동봉되어 있었다. 200만원의 벌금이 나왔다. 이유는 설치해야 했던 방진막 설치를 하지 않았다는 것이고, 물론 누가 신고했는지는 알 수 없었지만 우리에게 앙심을 품을 수 있는 사람을 떠올려 봤을 때 그 비닐하우스 주인 말고는 생각할 수 있는 사람이 없었다. 시골에서 공사를 해야 하는 경우가 생기게 되면 미리 일어날 상황을 상상하는 버릇이 생기게 되었고 토목공사를 진행함에 있어 문제소지가 있어 보이는 토지는 매입하지 않게 되었다.

비를 맞고 삽질을 했다

어느 날 토지를 매입하여 개발행위허가를 득 하고 토목공사까지 완료한 상태였다. 지금 생각해 보면 그해는 정말 많은 비가 내렸던 것으로 기억한다. 우리가 매입한 토지는 임야로 동네 뒷산을 매입해 토목공사를 해 두었다. 비가 오면 문제가 될 수 있다는 것을 그 때 처음 알게 된 것 같다. 비가 아주 많이 내리는 날에 모르는 번호로 전화가 걸려 왔다.

"네. 저기 000번지 땅 주인 되시죠?"

"네. 제가 땅 주인인데 왜 그러시죠?"

"지금 사장님 땅에서 토사가 넘쳐 뒷마당으로 다 넘어 들어오거든요"

"네? 우리 땅에서 토사가 넘친다구요?"

"사장님 땅에서 흙이 넘치고 있으니까 와서 조치 좀 해주세요."

"조치요? 비가 이렇게 오는데 무슨 조치를 어떻게 하라는 건가요?"

"그건 잘 모르겠고 일단 와 보셔야 할 것 같은데요."

그렇게 나는 집에서 TV를 보다 말고 현장으로 달려갔다. 현장에 도착했다. 동네 사람들이 모여 있었다.

"저기 저 땅 주인인데요. 누가 전화하신 건가요?"

어떤 아주머니께서 앞장서면서 얘기를 하신다.

"제가 전화했어요. 세가 서십에 살고 있는데 뒷 산에서 토사가 넘쳐 들어오고 있다니까요"

"집으로 가보시죠"

정말이었다. 이 집 바로 뒷 땅인 우리 땅에서 비에 젖은 흙이 넘쳐 들어오고 있었다.

"제가 현장으로 가 보겠습니다."

그 때 당시 우리는 토목공사를 해서 평탄하게 만들어 놓은 상태였고 경계 부분은 옹벽시공으로 담장을 싸 놓았었다. 그리고 땅 가장자리에 물이 흘러 가는 자리에 U형 측구를 묻어 물이 흘러내리게 공사를 해 놓은 것이다. 그런데 현장을 확인하자 그 U형 측구가 흙으로 뒤덮여 있었고 물이 흘러내리기는 커녕 담장으로 넘치고 있었다. 어떻게 해야 할지 방법을 알지 못했다. 공사를 해도 비가 그치고 해야 할 것 같은데 저 아주머니는 지금 뭐라도 해보란 식으로 다짜고짜 따지고 드신다. 지금 당장 내가 아무 일도 하지 않으면 바로 시에 신고 하신다고 한다. 난 무언가를 해야만 했다. 차를 타고 가까운 철물점으로 향했다. 그리고 삽 한 자루를 사서 다시 현장으로 돌아갔다.

"아주머니 제가 이 삽으로 저 막힌 측구를 뚫어 볼게요"

그렇게 이야기 하고 비를 맞으며 흙으로 덮힌 측구에 삽질을 하고 있었다. 정말 기가 막히는 상황이었다. 흙을 푸면 다시 흙이 차고 흙을 푸면 또 다시 흙이 차서 측구를 뚫기는 커녕 바보 같은 짓을 하고 있었다. 그 모습이 안쓰러우셨나 보다. 다행히 시에는 신고하지 않으셨다. 그리고 말씀하셨다.

"아니 저기요. 그런 쓸데없는 짓 그만 하시고요. 비 그치면 어떻게 조치 좀 해 주세요"

"네. 알겠습니다."

그리고 비가 그친 다음 날 건설직 형님과 현장으로 갔다. 어제 내린 비로 측구는 흙으로 뒤 덮혀 있었고 빗물이 흘러 나갈 자리는 전혀 보이지 않았다.

"형님! 이 흙이 넘치지 않게 어떻게 해야 하죠?"

"부지 중간에 웅덩이를 파야 할 거 같은데"

"웅덩이요?"

"응. 웅덩이를 파놔야 빗물이 다 그리로 흘러들어 갈 거 같애"

"그럼 형님! 그렇게 공사좀 해 주세요."

그렇게 다 만들어 놓은 부지 중간에 웅덩이를 파 놓게 되었다. 실제로 그 뒤에도 비가 내렸지만 흙이 넘친다는 전화는 다시 걸려 오지 않았다. 이 일로 인해 나는 비가 오기만 하면 토목공사가 된 현장이 늘 불안하기 시작했고 비가 온 다음 날은 꼭 현장에 들러 문제가 생기지는 않았는지 체크해 보게 되었다.

내 계약금 돌려주시죠?

건축업을 하는 지인에게 토지를 소개받게 됐다. 그 토지는 2차선변에 접하고 있었던 물건이었다. 현장 답사를 해보니 2차선 도로변이면서 3거리 코너지역의 토지였고 지목이 전이었기 때문에 도로와도 평행한 상태의 모습이었다. 토목공사를 진행한다고 해도 공사량이 아주 적을 것이라는 생각이 들었다. 그 땅 뒤쪽으로는 이미 공장들이 즐비하게 들어와 있었기 때문에 그 토지를 매입해서 주택으로 허가를 득한 뒤 빌라를 지어 분양하게 된다면 기가 막힐 것이라 생각했다. 그 토지는 이미 근·생 2종 음식점으로 개발행위허가도 득 하여 농지보전부담금의 국고세금도 이미 지불한 상태였다. 허가를 변경해서 건축허가를 득 하고 바로 건물을 지으면 되는 상황이었다. 이에 그 토지를 매입하기로 하고 계약금 지불이 이루어졌다. 이미 개발행위허가가 나 있는 상황이었기에 특약사항으로 개발행위허가를 변경하는 조건이고 만약 허가가 변경되지 않으면 계약은 무효로 한다는 특약을 넣게 되었다. 물론 그 때까지 허가 변경을 받지 못한 적은 거의 없었다. 허가 변경에는 크게 문제될 것이 없다고 판단했지만 그래도 혹시 모를 미래 상황이기 때문에 허가를 변경하지 못하면 계약은 무효로 한다는 특약을 넣게 된 것이다. 그런데 그 특약때문에 내 계약금을 지킬 수 있었던 일이 발생하게 되었다. 토지계약을 마치고 토목사무실로 개발행위허가 변경을 의뢰하게 되었고 시간이 한참 지나 허가 변경이 다 되어간다고 생각하고 있을 무렵 토목 사무실로부터 전화가 걸려 왔다.

"김 이사! 이거 허가 변경이 어려울 것 같은데"

"허가 변경이 어렵다구요? 지금까지 허가 변경이 안 된 적도 있었나요?"

"은행에서 지상권 설정 동의서를 안 해준다는데?"

"네? 뭐라구요?"

지상권 설정 동의서는 허가 변경시 등기부에 있는 지상권자에게 허가자 변경에 따른 동의를 받아야만 한다. 은행에서는 보통 자금을 대출해 주면서 지상권 설정을 하는게 일반적인데 그 이유는 자기의 채권을 보호하기 위함이라고 생각하면 된다. 허가 변경을 위해서는 은행으로부터 지상권 설정 동의서를 꼭 받아야 한다.

"은행에서 지상권 동의서를 안 해준다구요?"

지금까지 이런 적은 한 번도 있지 않았다. 은행 입장에서는 안 해 줄 이유가 없었다. 토지가 매도 되었고 그 은행 대출을 온전히 내 대환으로 갚을 상황이었기에 은행은 자연스레 채권 확보가 되는 상황이었기 때문이다.

"아니 형님! 은행이 설정 동의서를 안 해 줄 이유가 있나요? 제가 대출금 다 갚을 건데요?"

"그러게. 한 번도 이런 적이 없었는데 정말 곤란한데."

"그 은행이 어딘데요? 제가 들어가 보겠습니다."

그렇게 은행으로 향했다. 담당자라는 분에게 문의를 했다.

"저기 왜 설정 동의서를 못해 주신다는 거죠?"

"아! 네. 현재 채무자가 이자를 갚지 않으셔서 이미 블랙리스트로 되어 있는 상황입니다. 은행에서는 이런 상황이 되면 채무자가 먼저 대출을 상환하기 전까지는 그 어떤 것도 도와 드리지 못합니다."

"블랙리스트라구여? 그런데 은행에서 동의서를 해 주시면 제가 대환으로 모든 대출을 갚을 건데요. 은행에서 동의서를 해 주지 않아 계약이 무효가 될 상황입니다. 만약 계약이 무효가 되면 은행에서도 채권 확보가 되질 않으실 텐데요."

"그런 건 잘 모르겠고요. 저희 쪽에서는 그 어떤 것도 도와 드릴 수 없습니다."

나는 더 이상 할 말이 없었다. 대출을 받고 대출이자를 갚지 않는 상황에서 은행은 채권확보를 위해 은행에서 할 수 있는 일을 하는 것이란 생각이 들었다.

사무실로 돌아와 매도인에게 이 사실을 알리게 됐다.

"매도인 사장님 되시나요?"

"네. 그렇습니다."

상황을 설명드렸고 우리는 매매계약을 무효로 하게 됐다.

"사장님! 그럼 제가 기 지급한 계약금은 언제 돌려주실 수 있나요?"

"아! 돌려드려야죠. 그런데 제가 지금 돈이 없어서요"

"네? 그게 무슨 말씀이신가요? 돈이 없으시다니요?"

"이미 계약금을 받아 사용해야 하는 곳에 지출을 했기 때문에 지금 당장 돌려드릴 돈이 없습니다."

"아! 그런 상황이군요. 그럼 언제까지 돌려주실 수 있나요?"

"그걸 제가 잘 모르겠습니다. 언제 돈이 생길지 몰라서요?"

"뭐라구요? 그런 말이 어디 있습니까? 제가 사장님 돈 달라는 것도 아니고 제 돈 달라는 건데 계약이 진행되지 않는 상황에서 너무 무책임한 말 아니신가요?"

"죄송합니다. 드릴 말씀이 없습니다."

"아니요. 일주일 시간 드리겠습니다. 만약 그 이후에도 제 돈을 지급하지 않으시면 법대로 할 수밖에 없으니 그렇게 알아주시기 바랍니다."

그렇게 얘기하고 전화를 끊었다. 전화를 끊고 생각하면 할수록 정말 어이없는 상황이라 그 길로 변호사를 찾아가 상담하게 됐다.

"어쩐 일로 오셨습니까?"

"다름이 아니고요. 제가 계약을 진행했는데 계약이 무효가 되었습니다. 그래서 제가 지급했던 계약금 돌려 달라 하니 언제 돌려 줄지 모르겠다는데요. 전 어떡해야 하지요?"

"아니 뭐 그런 매도인이 다 있습니까?"

한참을 생각하던 변호사는 말씀하셨다.

"그럼 지급 명령을 신청해 보도록 하죠."

"지급명령이요? 그게 뭔데요?"

"지급명령이란 내가 당신한테 받을 돈이 있으니 언제까지 달라고 요구하는 건데요. 지급명령을 받은 상대방이 2주일이 지나도 아무런 대답을 하지 않을 경우에는 소송으로 이긴 것과 같은 효력이 발생하기 때문에 바로 경매집행을 통해 채권회수를 하실 수 있는 겁니다."

"그럼 그렇게 해 주세요"

지급 명령이라는 걸 보내 달라고 부탁을 하고 사무실로 돌아왔다. 그 상황이 너무 당황스럽고 내가 지급한 계약금을 못 받게 될지도 모른다는 생각에 매우 조급함을 느끼고 있었다. 변호사에게 전화가 걸려 왔다.

"사장님! 지급명령서 보냈으니까 상대방 쪽에서 전화가 올 수 있습니다.

만약에 전화가 오면 그냥 받아 주시면 됩니다."

"네. 알겠습니다."

통화를 마치고 하루가 지나 정말로 매도인에게 전화가 걸려 왔다.

"사장님! 많이 불편하셨나 봐요"

"제가 법대로 한다고 말씀드렸잖아요."

"지금 당장 계약금 돌려드리겠습니다. 계좌 번호 주시죠."

"아니 사장님! 처음부터 그렇게 하셨으면 아무 문제 없잖아요. 사람 참 힘들게 하시네요."

"죄송하게 생각합니다."

그렇게 계좌 번호를 보냈고 계좌를 받은 매도인은 즉시 계약금을 송금했다. 이 일로 나는 새로운 사실을 알게 되었다. 부동산 개발을 진행하다 보면 정말 많은 일들이 생기고 어쩔 때는 말보다 법이 빠를 수 있다는 것을 말이다.

한 번 드렸는데 돈을 또 달라구요?

많은 개발을 진행하다 보면 참 어이없는 상황을 자주 겪게 된다. 지적상 도로에 접히고 있는 토지를 매입하게 됐다. 2차선 도로에서 그리 멀지 않은 토지였고 이미 주변에 공장들이 많이 들어와 있는 상황이었기에 제조장으로 개발하여 즉시 매도할 예정이었다. 토지를 계약하고 매수자의 이름으로 개발행위허가 신청을 하게 됐다. 그런데 시에서는 허가를 내 줄 수 없다고 한다. 지적상 도로로 표시되고 있는 부분이 실제 현장에는 도로로 되어 있지 않고 빌라의 앞마당 주차장으로 활용되고 있었던 것이다. 당시에는 이런 토지가 있을 수 있다는 사실을 전혀 모르고 있었다. 지금은 지적과 현장이 맞지 않는 지적 불·부합지가 있음을 잘 알고 있다. 토목 사무실로 전화가 걸려왔다.

"김 이사! 이거 빌라주인에게 동의서를 받아야 허가를 낼 수 있을 것 같은데"

"다른 방법이 전혀 없는 건가요?"

"다른 방법은 없을 것 같은데"

"네. 알겠습니다. 동의서를 받아 오겠습니다."

통화를 마치고 빌라 주인을 수소문하기 시작했다. 연세가 지긋한 어르신이었다. 하루는 그 어르신을 찾아 갔다.

"어르신 안녕하세요?"

"누구신지요?"

"아! 네. 이 앞산을 매입한 매수자입니다. 다름이 아니고요. 조그만 창고를 하나 지으려고 해서 개발행위허가를 신청했는데 어르신 땅이 도로에 걸려 있다고 해서요. 어르신의 동의서를 받아야 하는 상황이 되었습니다."

"동의서요? 길로 쓰신다는 건가요? 어차피 저도 길로 쓰고 있기는 한데 그냥 해 드릴 수는 없을 것 같습니다."

한번도 이런 동의서를 받아본 적이 없었다. 때문에 어떠한 방법으로 동의서를 받아야 하는지 알지 못했다.

"길로 쓰시는 건데요. 당연히 저도 그냥 쓸 생각은 전혀 없습니다."

"잘 됐네요. 그럼 어떻게 해 주실 건가요?"

나는 한참을 생각했다. '한 5백만원 정도 드려야 하는 건가? 너무 많은 건가? 그래도 동의를 받지 못하면 나는 토지를 매입하지 못하게 되는 것이었다. 그 때 상황은 제조장으로 허가를 득할 수 있는 토지가 그리 많지 않았기에 어떻게 보면 그 토지를 취득 하는 건 나에게는 기회가 될 것이라고 생각했다. 그래 과감하게 돈을 드리자, 그러면 분명히 나도 돈을 벌 수 있을 거란 생각을 했다. 그리고 조심스레 입을 열었다.

"제가 어르신 아주 파격적으로 사용료를 지불하겠습니다."

"얼마를 주실건데요?"

"어르신이 동의서를 해 주시면 제가 천만원을 드리도록 하겠습니다."

한참을 생각하시던 어르신이 말씀 하셨다.

"아니 사장님! 지금 장난하시는 거죠?"

순간 나는 당황하지 않을 수 없었다. 한 번도 동의서 비용을 생각해 본 적이 없었기 때문에 나의 제안이 뭐가 잘못 됐는지 이해할 수 없었다. 이 상황에서 역지사지가 되어 입장을 바꿔서 한번 생각해 보았다. 만약 어떤 사람이 찾아와서 나에게 내땅 일부를 도로로 쓰려고 하니 내가 도로로 사용하여 인·허가를 득할 수 있게 동의서를 요구하는 상황이 되었다고 생각해 보자. 과연 나는 내 땅 일부를 도로로 사용하게 허락해주면서 얼마의 비용이 적당하다고 생각 할 것인가 말이다. 곰곰이 생각해 보니 동의서를 해주면 그 사람은 몇 억에서 많게는 몇 십억까지 이득을 볼 수도 있는 상황이 되는 것이다. 이런점을 모두 고려한다면 나는 과연 얼마의 비용을 받는 것이 적당한가? 물론 그 금액을 특정하긴 힘들 듯 하지만 만약 상대방이 나에게 동의서를 요구하면서 천만원을 준다고 한다면 나도 마찬가지로 장난하시냐고 얘기할 것 같다. 입장을 바꿔보니 아수 살 이해가 됐다.

"그럼 어르신 얼마를 드려야 하는 건가요?"

"흠.... 한 5천만원 주시면 동의서 해 드리겠습니다."

"오천만원이요?"

"아니면 동의서는 못 해 드릴 듯합니다. 생각해 보시고 연락주세요"

나는 사무실로 돌아왔다. 그리고 한 참을 생각하게 됐다. '만약 내가 동의서를 받지 못해서 개발행위허가를 득 하지 못하면 나에게 기회가 될 수 있는 토지는 내 땅이 아닌 것이 된다. 비용을 들여서라도 허가를 득 하는 쪽으로 해야 할 것 같다.'라고 생각했다.

나는 바로 그 어르신을 찾아갔다.

"어르신 제가 오천만원 드리겠습니다. 동의서 부탁드립니다."

"네. 알겠습니다."

나는 동의서를 첨부하여 개발행위허가를 득할 수 있었다. 우리는 토지를 매입하게 되었고 매입 즉시 토목공사를 하여 부지로 만들어 놓게 되었다. 그런데 매도가 되지 않는다. 땅이 문제가 있는 것이 아니라 투자를 하는 시장의 분위가 아니었다. 수년이 지나 개발행위허가가 기간만료로 취소 되었다. 정말 안타까운 순간이었다. 내가 할 수 있는 일은 거의 없었다. 시간이 흘러 그 땅을 매도해야만 했다. 그때마다 매수하려는 사람들과 얘기했지만 허가를 득 하지 않은 상황이 문제가 되었다. 그래서 다시 개발행위허가를 득 하려고 하였다. 토목 사무실에 의뢰하여 다시 허가를 득 하려고 했을 때 똑같은 상황이 일어났다. 허가를 득 하기 위해서는 빌라 주인의 동의서가 다시 필요하게 된 것이다. 다시 어르신을 찾아갔다.

"어르신 동의서를 받고 허가를 득할 수 있었는데 토지가 팔리지 않아 허가가 취소 되었습니다. 그래서 허가를 다시 받아야 하는 상황이 되었는데 어르신의 동의서가 다시 필요하게 됐습니다. 한 번 받았던 거니까 그냥 동의서 좀 부탁드리겠습니다."

"이거 어떡하나? 그 땅 팔아버렸는데 어떡하지? 지금은 내 땅이 아니야"

"팔아 버리셨다구요?"

그랬다. 난 당연히 그 사장님에게 다시 동의서를 받으면 된다고 생각했었다. 하지만 그 사장님이 토지를 매도했을 거라고는 전혀 생각하지 못했다.

"그럼 어르신 그 매수자가 누구신데요?"

"어떤 할머니인데 연락처는 알려 줄 수 있어"

"네. 가르쳐 주세요"

"그런데 그 할머니 보통이 아니신 것 같던데"

"네. 알겠습니다."

숨이 콱 막혀왔다. 잘 하면 돈을 다시 지급해야 하는 상황이 될 수 있다는 생각이 머리를 스쳐 지나갔다. 하지만 해결해야 한다. 그 할머니에게 전화를 걸었다.

"안녕하세요? 전 그 앞에 땅 주인입니다."

"아! 그러시군요. 그런데 왠일이신가요?"

"한번 찾아뵙고 말씀드려도 될까요?"

"네. 그럼 여기로 오세요. 여기 항상 있으니까요"

"네. 알겠습니다."

할머니를 찾아 가는 길이 왜 그리 발걸음이 무거운지 정말 가기 싫었다. 하지만 해결하지 않으면 더욱 더 힘들어 질 것 같았다. 무거운 발걸음으로 할머니를 찾아갔다.

"안녕하세요? 다름이 아니라 제가 개발행위허가를 득 하려면 할머니의 동의서가 필요한 상황인데 동의서 좀 부탁드리겠습니다."

"아니요. 해 드릴 수 없으니 돌아가세요."

큰 일 났다. 그냥 해 줄 수 없다고 하신다. 망치로 한 대 때려 맞은 듯한 기분이랄까? 어떻게 해야 할지를 알지 못했다.

"할머니! 그러지 마시고 동의서 좀 부탁드리겠습니다. 그냥 해 달라는 것 아닙니다. 비용을 지불하겠습니다."

"아니요. 돈 필요없으니 그런 말씀하지 마시고 돌아가세요."

그 때 그 심정은 심장이 멎는 듯한 기분이었다고 해야 할 것 같다. 그냥 안 해 주신단다. 어떻게 해야 하지? 온갖 잡생각들이 마구마구 떠올랐다. 이제 나는 이렇게 망하는 건가? 라는 생각을 하게 됐다. 아무런 방법이 떠오르지 않았다. 거의 자포자기 하고 있을 때 쯤 그 할머니에게서 전화가 걸려왔다.

"여보세요?"

"네. 안녕하세요? 할머니가 어떻게 전화를 다 주시고"

"그 때 얘기했던 동의서 해 드리겠습니다."

해 주시겠다고 한다. 죽다 살아난 느낌이랄까?

"정말요? 정말 감사합니다."

"근데 제가 지금 돈이 필요한 상황이라 돈을 좀 주셔야 할 듯합니다."

"네. 알겠습니다. 얼마를 드리면 될까요?"

나는 많아 봤자 몇 천만원 정도를 얘기하실 꺼라 생각했다. 그런데 그 생각은 큰 오산이었다.

"동의서 해 드릴 테니 2억만 주실 수 있을까요?"

"얼마요? 2억이요?"

나는 당황하지 않을 수 없었다. 단 한 번도 생각해 보지 않은 금액을 말씀하셨다. 정말 그 순간 나도 모르게 욕을 할 뻔 했다. 끓어오르는 감정을 죽이고 죽이면서 나는 얘기했다.

"할머니! 2억 적당한 것 같습니다. 바로 지급하겠습니다. 동의서 부탁드립니다."

나는 동의서를 첨부하여 개발행위허가를 득할 수 있었다. 그리고 얼마 지나지 않아 그 토지를 매도하게 되었다. 물론 허가를 득 하기 위해 많은 비용을 지출로 사용하게 되었지만 그 비용을 지급했음에 본전에 그 토지를 매도

할 수 있게 되었다. 여기서 말하는 동의서는 토지사용 승낙서란 서류인데 이 토지사용 승낙서는 당사자 간에만 효력이 발생하기 때문에 사람이 바뀌게 된다면 다시 동의서를 받아야 한다는 사실을 알게 되었다. 이 일로 인해 나는 동의서를 받는 상황이 되면 토지매입을 포기하곤 한다. 다만 동의서가 아닌 지역권 설정이나 지분이라도 매입할 수 있다면 다른 얘기가 되겠지만 그렇지 않은 경우에는 애초에 토지매입을 진행하지 않게 됐다. 정말 돈 주고도 못 할 경험을 하게 된 것 같다.

당신이 시장님이세요?

아는 지인으로부터 토지 매입을 의뢰 받게 됐다. 조그맣게 고물상을 운영하신다며 작고 땅값이 오를만한 지역으로 토지를 알아봐 달라고 하신다. 지인과의 대화이다.

"제가 수원에서 고물상을 운영 중에 있는데 투자도 할 겸 화성지역에 땅을 사서 보유하면서 고물상도 운영하고 싶습니다. 마땅한 땅이 있으면 소개 좀 부탁드립니다."

"네. 알겠습니다."

그렇게 작은 토지를 구하게 됐다. 한참을 알아보던 중 일반 주거지역에 200평이 나오게 됐다. 용도지역도 주거지역이고 직사각형 모양으로 땅 모양도 좋아 보였으며 도시계획 도로가 예정되어 있어 도로가 뚫리면 2차선 도로변이 되는 땅이었다. 토목 사무실로 고물상 허가를 득할 수 있는지 여부를 물어봤다. 인・허가도 가능하다는 통보를 받고 고물상을 찾으시는 사장님에게 전화를 걸었다.

"네. 여보세요? 고물상을 운영하는 사장님 되시나요?"

"아! 네. 사장님! 물건 나온거 혹시 있나요?"

"땅 모양도 훌륭하고 2차선 도로가 예정되어 있습니다. 또한 용도지역이 주거지역이라 건폐율이 60% 입니다. 기가 막힌 땅이 나왔습니다. 어서 오셔야 할 것 같습니다."

"네. 알겠습니다. 바로 내려가겠습니다."

고물상을 운영하는 사장님은 한 시간도 채 걸리지 않아 사무실로 방문 하셨다.

"땅 보러 가시죠."

우리는 차를 타고 현장으로 향했다. 땅을 매우 마음에 들어 하셨고 계약 약속을 잡았다. 계약 조건은 개발행위허가를 득 하는 조건이 성사되지 않아 토목사무실의 허가가 난다는 말만 믿고 우리는 계약을 하게 됐다. 잔금을 지불하고 등기를 접수했다. 등기 업무가 마무리 되어 개발행위허가를 신청하면 된다. 용도는 고물상으로 인·허가를 신청하게 되었다. 그렇게 허가가 나기만을 기다리고 있었다. 고물상 사장님께서 전화를 하셨다.

"네. 사장님! 어쩐 일이신가요? 아직 허가는 나오지 않았습니다."

"그게 아니고요. 제가 현장에 들려 땅을 구경하던 중 동네 어르신이 누구냐고 물으시길래 이 땅 주인이고 조그맣게 고물상을 지어 운영할거라고 말씀드렸거든요. 그런데 그 어르신이 이 지역에는 고물상 못 들어오게 민원 거신다고 하시네요. 괜찮은 건가요?"

"아니 사장님! 그 어르신이 민원 거신다고 해서 고물상을 할 수 있는 지역에 개발행위허가 신청을 한건데 설마 반려되겠습니까? 걱정하지 말고 돌아가 계세요"

토목 사무실로 전화가 걸려 왔다.

"김 이사! 이거 허가 득 하기 힘들 것 같은데"

"무슨 말씀이세요? 허가 난다고 해서 땅 매입한 거잖아요?"

"그건 그렇지만 동네 분들이 고물상 들어온다고 민원을 거셔서 담당자가 이 민원 해결하기 전까지는 허가를 내 줄 수 없다고 하네."

"네? 뭐라구요? 아니 동네분들이 시장님도 아니고 민원을 걸면 허가가 안 나는 건가요?"

"고물상 할 수 있는 용도지역이라 문제가 없을 줄 알았는데 허가가 안날 것 같은데 어떡하지?"

"휴~"

우리는 고물상을 운영하는 사장님께 상황을 설명 드렸다. 다행히도 고물상을 운영하시는 사장님은 이렇게 얘기하셨다.

"할 수 없지요. 동네에서 반대 하는 건데 방법이 없을 것 같은데요. 그냥 이 땅 다시 팔아 주세요."

"흠... 네. 알겠습니다."

결국 허가를 득할 수 없었다. 정말 안타까운 일이었지만 다시 그 땅을 매도해야만 했다. 그런데 이런 일이 일어날 수 있을까? 어느 날 예정되어 있던 2차선 도로가 개설되고 있었다. 현장에 가보니 도로를 공사하고 있음을 확인할 수 있었다. 그렇다. 내막이 난 것이다. 예정도로가 개설이 되는 장면은 부동산을 하고 나서 처음으로 경험하게 됐다. 비록 고물상은 하지 못했지만 우리는 매입 한 지 2개월 만에 평당 50만원을 올려 시장에 내 놓게 되었고, 얼마 되지 않아 매도가 되었다. 위기가 곧 기회가 된 순간이었다. 만약 개발행위허가를 득할 수 있었다면 그 땅을 그렇게 비싸게 매도하지는 못했을 것이다. 오히려 허가가 반려된 것이 땅을 비싸게 매도 할 수 있게 된 것이다.

이 일을 겪게 되면서 위기가 곧 기회가 될 수 있음을 알게 되었다. 이 책을 읽고 있는 독자들에게 얘기하고 싶다. 아무리 어렵고 시련이 닥쳐오더라도 그 순간이 나에게 기회가 될 수 있음을 꼭 한번 생각하시어 좌절하거나 포기하지 않으셨으면 하는 바람이다. 위기가 곧 기회가 될 수 있다.

내가 당신 땅을 사 주는 것 아닙니까?

토지개발을 진행하면서 정말 화가 나는 것이 한 가지 있다. 바로 계약하는 과정에서 매도인의 반응이다. 토지개발업을 진행하기 위해 토지를 매입한다. 그러나 개발할 수 없는 땅이라면 사지 않는다. 땅 주인도 이 사실을 알면서 계약시 개발행위허가를 득 하는 조건의 계약이라 허가 나지 않더라도 땅을 사가라고 얘기한다. 이게 정말 이해할 수 있는 말인가? 대부분의 매수자들은 매도인의 이런 반응에 무엇을 잘못한 사람처럼 허가를 득 하는 조건이 아니더라도 매입하겠다고 이야기 한다. 개발행위허가는 무조건 날 것이라고 얘기하면서 말이다. 하지만 경험적으로 개발행위허가가 나지 않는 경우를 여러번 겪었기 때문에 계약 상황이 되면 허가를 득 하는 조건으로의 계약을 부인하는 매도인을 만나면 정말 하고 싶은 말을 다 하는 편이다. '토지개발을 진행하려는 많은 사람들은 개발행위허가를 득 하는 조건으로의 계약을 해야 할 것이며, 그렇지 않은 경우라면 토지 매입을 심각하게 고려해야 한다. 일전에 이런 경우를 한 번 겪게 되었는데 결국에는 개발행위허가를 득 하는 조건으로 계약하게 됐다. 토지개발을 위해 개발행위허가를 득 하는 조건으로 계약을 하려는 순간이었다.

"매도인 사장님! 본 계약은 개발행위허가를 득 하는 조건으로 진행하겠습니다. 사용승낙서에 인감 날인해 주시고, 인감 1통 첨부해 주시면 좋겠습니다."

"개발행위허가를 득 하는 조건이라고요? 그럼 허가가 만약 안 나오면 어떻게 되는 건가요?"

"물론 그럴 일은 없겠지만 만에 하나 그런 일이 발생하면 계약금을 돌려주셔야 할 것 같습니다."

"….아니요. 그렇게는 계약 못할 것 같습니다."

"아니 사장님! 우리가 개발업자인데 허가 나지 않는 땅을 매수할 이유가 없잖아요"

"그건 그런데 허가는 잘 모르겠고 무조건 허가를 득할 수 있는 상황이라면 그런 조건 없이 그냥 땅 사셔서 허가를 내든지 말든지 하시죠."

갑자기 부아가 확 치밀어 오른다. 그러니까 매도인의 말은 내가 허가를 득하지 못해서 망하든지 말든지 그건 내 알바 아니라는 말이었다. 난 격앙된 어조로 얘기했다.

"사장님! 저희들 매수자잖아요. 지금 저희가 사장님 땅 사드린다고 이렇게 와 있는 것 아닙니까?

저희 입장도 고려해 주셔야 하는 것 아닙니까? 허가 나지 않는 땅을 저희가 살 이유는 없지 않습니까? 땅을 살려고 하는 건데 저희를 좀 도와주시면 되는거 아닙니까? 인감 날인하시고 인감 1통 첨부해 주시는게 그리 큰일 은 아니지 않습니까?"

"아니요. 우리는 개발행위허가가 뭔지도 모르겠고 복잡해지는 일은 하고 싶지 않습니다."

"아니 사장님! 지금 사장님 땅 파시려고 하시는 것 아닌가요? 그렇게 매수자를 안 도와주시면 땅 어떻게 파시려고 하시는 겁니까? 좀 도와주시면 안 될까요?"

중개업자가 중재를 하고 나섰다.

"그럼 다들 이러지 마시고 제가 중재해도 될까요?"

그렇게 해 달라고 나와 매도인은 함께 이야기 하게 되었다.

"그럼 개발행위허가가 넘어갔다가 잔금 안 칠 수도 있으니까 매도인은 불안해서 그러는 것이고 매수인도 혹시 허가가 나지 않을까봐 그런 거니 매도인 사장님은 매수인이 원하는 대로 인감 날인하고 인감 1통 첨부해 주시고요. 매수인은 반대급부 서류를 해 주시면 될 듯합니다."

여기서 반대급부 서류라는 것은 개발행위허가가 나면 매수자의 명의로 허가를 득 하게 되기 때문에 만약 매수인이 계약을 파기한다고 해도 허가의 명의는 바뀌지 않기 때문에 매수인의 인감을 받아 명의변경을 해야 하는 것이다. 하지만 어떠한 이유인지는 몰라도 계약이 파기된 매수인은 협조하지 않을 것이 불 보듯 뻔한 상황이기에 혹시나 계약이 파기되면 매도인은 이미 받아 놨던 인감 날인된 서류와 인감 1통을 첨부하여 스스로 명의를 바꾸게 되는 것이다. 이렇게 나중에 허가를 매도인 명의로 바꿀 때 받아야 하는 서류를 반대급부 서류라고 얘기한다. 개발행위허가 조건으로 계약하게 된다면 이 반대급부 서류를 이용하여 원활히 계약을 하게 할 수 있어야 한다. 우리는 중개업자의 중재로 반대급부 서류를 해주는 조건으로 개발행위허가가 나는 계약을 할 수 있게 되었다. 이렇게 토지개발을 하려고 하는 사람들은 이 반대급부 서류가 무엇인지는 정확히 알고 있어야 할 것 같다.

땅을 제가 살 수 있게 해 주세요

그 동안 나는 정말 많은 땅을 매입했고 또 많은 땅을 매도했다. 그러면서 몸으로 배우게 된 것이 하나 있다. 토지투자를 하여 빠른 기간 안에 돈을 벌기 위해서는 일반인들이 토지를 쉽게 볼 수 있어야 하고 내가 이 땅이 좋다고 얘기하기 전에 이미 매수자가 될 사람들이 좋다고 스스로 판단해야 한다. 최근에는 땅을 고르는 나만의 기준이 생겨서 2차선 도로변 물건이 아니면 잘 매입하려 하지 않는다. 왜냐하면 도로변 물건이 아니면 일반인들은 쉽게 그 땅을 볼 수 없고 이런 땅들은 매도하는데 있어 굉장한 어려움을 겪는다. 이 사실을 알 수 있었던 것은 그동안 많은 땅을 매도하면서 나 스스로 직접 경험했기 때문이다. 최근 도로변 물건을 매입하여 채 1년도 되지 않아 여러 개의 물건을 매도 했었다. 토지개발이 진정 그리 어렵지 않다는 것을 얘기하고 싶다. 토지개발을 아무것도 모르고 진행하게 된다면 분명히 나의 20년전과 같이 정말 많은 시행착오를 겪게 될 것이다. 정확한 방향으로의 토지개발이 이루어진다면 얼마든지 토지투자를 통해 많은 돈을 벌 수 있을 것이다. 얼마 전 도로변 매물을 매도했던 일화를 소개하려 한다. 2차선 도로변의 농지 400평을 매입하게 됐다. 용도지역은 계획관리지역이었다. 토지를 매입하기 전 어떻게 매도해야 할지를 생각했다. 도로변의 직사각형의 물건이었기 때문에 허가를 득 하고 한 필지를 두 필지로 분할하여 200평씩 누 개의 물건을 매도할 계획을 세우게 됐다. 규모로 볼 때 매수자가 건물을 짓게 되도 개발 부담금 대상이 되지 않았고, 인·허가에 있어 도시계획의 대상도 되지 않았으며 허가를 득 하여 토목공사를 마치고 부지를 조성하면 도로변 물건이기 때문에 바로 매도 될 것이라고 생각했다. 나는 주저 없이 그 토지를 매수하게 되었고 매수하자마자 토목공사를 진행하게 됐다. 그리고 현수막을 제작해 토지 위에 설치해 놓았다. 모르는 번호로 전화가 걸려왔다.

"현수막 보고 전화 드리는데요. 혹시 그 땅 매도 하시는 건가요?"

"네. 매도하는 겁니다."

"몇 평이고 금액이 어떻게 될까요?

"200평씩이고요. 모두 근·생 2종으로 허가를 득해 놓은 상황입니다. 그리고 가격은 00입니다."

"아! 그렇군요. 현장에서 한번 만났으면 좋겠는데요"

"네. 알겠습니다."

생각했다. 아직 땅을 매입하고 1달도 채 지나지 않았다. '설마 이 땅이 팔리게 되는 건가?' 현장에서 매수자가 될 사장님을 만나게 되었다.

"제가 제조장을 운영하고 있는데 자리를 옮겨야 하는 상황이 되어서 토지를 알아보고 있는 중입니다."

"아! 그러시군요. 이 물건은 개발 부담금 대상도 아니고요. 개발행위허가를 득 하고 토목공사까지 완료해 드리기 때문에 매입하셔서 바로 건물을 지으시면 될 듯 보입니다."

"혹시 제가 이 땅을 매입하면서 대출을 얻을 수 있을까요?"

"당연히 얻으실 수 있고요. 꽤 많은 금액을 대출 받을 수 있을 겁니다."

"그럼 혹시 대출을 받을 수 있는 은행을 소개 받을 수 있을까요?"

"물론입니다. 여기 전화하셔서 제 이름 얘기하시면 됩니다."

그렇게 한 일주일 쯤 지났을까 그 사장님에게서 전화가 걸려왔다.

"네. 여보세요? 사장님 안녕하세요?"

"다름이 아니고 제가 여러 가지를 알아봤는데 이 땅이 가장 좋은 위치에 많은 대출을 얻을 수 있는 듯 합니다. 그 땅 제가 매수하겠습니다."

"네. 알겠습니다."

그렇게 계약을 진행하게 되었다. 정말 놀라운 일이었다. 결과적으로 얘기한다면 토지를 매입하고 불과 3개월 만에 토지를 매도하게 된 것이다. 그것도 큰 수익으로 말이다. 이 일을 겪으면서 나는 토지에 투자하는 것이 정확한 원칙과 그것을 만들 수 있는 지식만 있다면 아주 좋은 재테크 수단이라는 것을 알게 된 것이다.

또 한번은 그 당시 2차선변의 또 다른 물건을 매입하게 되었다. 그 땅도 마찬가지 도로변의 300평 정도가 되는 농지였다. 그런데 용도지역이 자연녹지였기 때문에 분할 할 계획은 잡지 못했다. 왜냐하면 반으로 잘라놓게 되면 150평의 땅들이 되는 것인데 건폐율이 20%밖에 채 되지 않았기에 지을 수 있는 건물의 평수가 너무 적었다. 그래서 다른 방향으로 매도 계획을 세웠다. 한 필지로 개발 할 생각을 했다. 자연녹지였기 때문에 인근에 아파트도 있었고 초등학교는 물론 민가가 꽤 가까운 곳에 형성되어 있었다. 한 필지 전체 개발행위허가를 득 하여 토목공사를 진행하고 부지 조성을 해 놓으면 빠른 기간 안에 매도될 수 있을 것이라고 생각했다. 하지만 이 토지는 분할하지 않기 때문에 앞전의 토지와는 다르게 매도되는 시기를 1년 이후로 생각했다. 그래도 이 토지는 매도하기 위해 공사 중이라는 것을 알리기 위해 매도 현수막을 제작했고 토지 위에 설치하게 되었다. 아직 토목공사를 진행하기 전이라는 얘기다. 다만 근·생 2종으로 허가를 득 했을 뿐이다. 그런데 현수막을 보고 전화가 걸려 왔다.

"네. 여보세요?"

"지나가다 현수막을 보고 전화 드렸는데요."

"아! 네"

"이 땅 매도하시는 건가요?"

"네. 매도하는 겁니다. 근데 지금 매도할 거는 아니고 토목공사 완료하고 내년쯤 매도 할 예정입니다."

"무엇으로 허가가 나 있나요?"

"근·생 2종 음식점으로 허가가 나 있습니다."

"제가 근처에 식당을 하려고 하는데 이 땅 입지가 제일 좋은 듯합니다. 제가 살 수 있을까요?"

"아니요. 죄송합니다. 아직 토목공사도 하지 않았고 이 토지를 산지도 얼마 되지 않았기 때문에 바로 매도하기는 힘들 듯 합니다."

왜 그런 말을 했냐하면 아직 토목공사 전이었고 산 지 얼마 되지 않았기에 높은 값을 얘기하기가 좀 불편한 상황이었다.

"그러지 마시고 그냥 저에게 팔아 주시면 안 될까요? 공사 안 해도 좋습니다."

"1년 후에 높은 값에 매도할 예정이라 지금 매도하는 건 좀 무리가 있네요."

"사장님! 그러지 마시고 사신지도 얼마 안 됐는데 그냥 저에게 저렴한 금액으로 그냥 다시 넘기시죠. 제가 사장님이 최소한의 이득이 남을 수 있게 금액을 드리겠습니다."

나는 생각했다. 그래. 보유한 기간도 채 1개월이 되지 않았고 토목공사도 하지 않아 비용이 들어간 상황도 아니었기 때문에 고민 끝에 난 매도하기로 결정을 하게 됐다.

"그럼. 사장님 매도하겠습니다."

그렇게 계약을 하게 됐다. 물론 그 매도로 인하여 나는 최소한의 수익을 얻을 수 있었다. 공사를 진행하고 더 보유하게 됐다면 더 많은 이득을 볼 수 있을 것이라 생각했지만 투자기간도 1달이 채 되지 않았으며 들어간 비용이 거의 전무한 상태였기 때문에 나는 주저 없이 그 토지를 매도하게 되었다. 이 일화들을 소개하며 여러분에게 하고 싶은 말은 땅은 팔기 위해 사는 것이기 때문에 땅을 매수하는 시기에 이 땅을 사면 언젠간 팔리겠지가 아니고 언제쯤 매도할 것인지 매도시기를 특정하고 어떻게 개발하여 어떻게 매도할 것인지를 생각해야 한다는 것이다. 많은 토지 투자자들이 이 점을 간과하기 때문에 돈이 묶이게 되는 것이라고 생각한다. 물론 필자도 예상했던 것과 다른 상황으로 좀 오래도록 보유한 토지들이 있지만 최근에 필자만의 주관으로 토지를 매입한 것들은 내가 원하는 시기에 보통 매도를 했다. 20년이라는 세월이 지나 내가 토지투자에서 알게 된 사실은 토지는 팔릴 수 있는 토지를 사야 된다는 것이고 투자자들은 그걸 볼 수 있는 눈만 가지면 된다는 것이다. 하지만 실질적으로 그 눈을 만든다는 것이 절대 쉬운 일은 아니라는 것이다. 이러한 이유로 나는 네이버 카페를 만들게 되었으며 토지투자가 얼마나 경쟁력 있고 가치가 높은 재테크의 수단인지를 알리게 됐다. 그리고 또 한 가지 어떻게 보면 이제 돈을 벌 수 있는 방법을 알게 되었기에 토지에 뜻이 있는 많은 사람들과 함께 정말 극강의 힘을 만들어 이 토지시장의 갑으로 태어나려 하고 있다. 이 책을 읽으면서 토지투자를 통해 나와 함께 부의 길로 가려고 하는 분들은 네이버 카페 "막강토지군단"으로 들어오기를 권유 드린다.

토지전문가
김 공인

토지전문가 김 공인

2011년 카페를 만들었다

나는 그런 생각을 했었던 것 같다. 내가 지금 하고 있는 경험들과 토지에 대한 나만의 정리를 해서 나중에는 이 모든 것들이 나의 소중한 재산이 될 것이라고 생각된다. 그러한 생각으로 난 네이버 카페를 만들게 되었다. 여러 번 카페의 이름이 바뀌어 왔지만 지금 카페의 이름은 네이버 카페 '막강토지군단'이라는 카페이다. 이름만 들으면 굉장히 무서운 느낌을 받을 수 있지만 내가 카페 이름을 이렇게 정한 이유가 있다. 이유는 다소 냉정하게 들릴 수 있지만 오랜 경험으로 모두 함께 갈 수는 없다는 것을 알아버렸다. 정말 최소한의 인원들이 모여서 서로 정보를 공유하고, 토지투자를 공부하며, 작은 힘을 모아 투자해서 수익을 올린다면 정말 대한민국의 '막강토지군단'이 될 수 있겠다는 생각을 했다. 실제로 지금 '막강토지군단'의 인원들은 약 100여 명이 된다. 우리는 실제로 일주일에 두 번 정도 토지 공부를 하며 우리들의 공간을 만들어 돈이 될 만한 고급 정보들을 공유하고 있다. 더 나아가 적은 돈을 모아 여러 가지 토지 물건에 투자하고 있다. 이미 매입한지 채 6개월도 되기 전에 매도한 물건들도 있고 앞으로의 수익을 기대하며 즐거운 마음으로 수익을 기다리고 있는 물건들도 있다. 나의 토지투자 카페를 이야기 하는 것은 정말 토지투자로 돈을 벌려고 하는 사람들과 함께 하고 싶기 때문이다. 물론 어떤 사람들은 카페 광고하려고 책을 쓴 것이라고 얘기 할 수도 있다. 하지만 그 얘기가 틀린 말은 아니다. 이렇게 나의 20년 세월을 얘기하고 토지투자가 어떤 것인지, 내가 어떤 사람인지를 먼저 알려야만 나와 함께 하려는 사람들이 생길 것이라 생각된다. 토지투자에 뜻이 있는 분들이라면 네이버 카페 '막강토지군단'으로 모이시기를 진심으로 바라는 마음이다.

네이버 카페 ➤ **막강토지군단** https://cafe.naver.com/yong231

2013년 온라인 세상을 알게 되었다

부동산을 시작한 때가 2002년이다. 10년이란 세월이 지나고 나는 온라인 세상을 알게 되었다. 그 전만 하더라고 오로지 현장과 다사다난한 일들로 인터넷을 해 볼 생각을 하지 못했다. 10년이 지나 우연히 형을 따라 강남으로 NPL강의를 들으러 가게 되었다. 제일 뒷자리에 앉아 강의를 듣고 있었고 강의의 주제는 토지였다. 내 전공이다. 강사가 얘기하는 말들이 너무 초보적이라 생각했고 나도 모르게 아는척을 해버리고 말았다. 지금 생각하면 그렇게 행동해서는 안 되는 일이었지만 본능적으로 토지 얘기에 반응했던 것 같다. 강의를 진행하면서 강사는 인·허가의 여부는 확인해야 한다며 얘기할 때 나는 다음과 같이 얘기했다.

"그 땅 그렇게 허가 납니다. 원하시는 건물 지을 수 있습니다."

나도 모르게 튀어나온 얘기이다. 그렇게 얘기하자 강의를 듣고 있던 사람들의 이목이 나에게 집중 됐다. 계속해서 나는 토지에 대한 지식을 얘기하고 있었다. 수강생들은 더욱더 나에게 집중했다. 쉬는 시간이 되었다. 옆 자리에 앉아 계셨던 분이 말을 거신다.

"어떻게 그렇게 잘 아시나요?"

"토지투자를 전공으로 10년째 일하고 있습니다."

"10년이요? 정말 대단하시네요. 있다가 식사하러 가실 거죠?"

"식사하는 자리가 있나 봐요?"

"네. 꼭 오셔서 좋은 얘기 좀 많이 해 주세요"

"네. 알겠습니다."

그렇게 많은 사람들의 관심을 받게 되었다. 처음으로 있었던 일이었다. 10년 동안 토지시장에 일하면서 단 한번도 내가 많이 알고 있구나 라는 생각을 해 본적이 없었다. 사람들의 관심이 신기하게만 느껴졌고 시간이 지나 식사 자리가 되었다.

형과 함께 식사 장소로 갔다. 그런데 모두 나를 기다리고 있는 것이 아닌가? 더욱이 내가 자리에 앉자 모두가 내 옆 자리에 앉으려 실랑이를 하고 있었다. 나는 생각했다.

'이게 지금 무슨 일이지?'

나는 식사를 하며 그동안 내가 겪었던 일들을 하나 하나씩 이야기 했다. 모두 신기하다는 눈빛으로 보고 있었고 나의 얘기에 모두가 집중하고 있었다. 나도 점점 재미를 느껴갔고 인터넷상에 부동산 카페를 검색하게 됐다. 정말 많은 카페들이 있었다. 그런데 부동산 카페가 있다는 사실을 부동산을 한지 10년이 되어서야 알게 된 것이다. 그 순간부터 나란 사람을 먼저 알려야 한다는 생각을 하게 되었고, 나란 사람을 소개 할 것이고, 나란 사람이 누구인지를 정확히 알고 내가 여러분에게 내민 손을 잡아주시기를 바라고 있다.

1년에 한 번씩 책을 집필했다

인터넷 세상을 알아가게 되면서 난 여러 부동산 카페에 가입하게 된다. 인터넷 상에서 토지에 대한 이야기들을 하게 됐다. 정말 신기한 일은 내가 글을 작성하기만 하면 엄청난 댓글과 조회수를 기록했다. 나도 사람인지라 이런 나에 대한 관심이 너무 신기하게만 느껴졌고 글을 쓰는 것이 너무 재미있었기 때문에 거의 매일 매일 글을 쓰게 되었다. 어느 날 유명한 카페의 카페지기로부터 전화가 걸려 왔다.

"김 공인님 되시죠?"

"네. 그런데 누구시죠?"

"아! 네. 전 어느 카페의 운영자 됩니다."

"아! 네. 잘 알죠! 근데 저에게는 무슨 일로 전화하셨나요?"

"혹시 책 내보실 생각 없으신가요?"

"책이요? 그런 생각해 본 적 없는데요"

"책을 쓰시면 정말 좋을 듯 합니다. 한번 만날 수 있을까요?"

아직도 그 때 일들을 기억하고 있다. 나는 형과 함께 그 분을 만나기로 한 곳에 가게 됐다. 그 분의 대접을 받고 헤어지기 전 얘기를 하셨다.

"책 출판 한번 해보지 않겠습니까?"

"제가요? 제가 책을 쓸 수 있을까요?"

"네. 쓰실 수 있습니다."

한참을 고민했다. 과연 내가 할 수 있을까를 말이다. 어렵게 말을 꺼냈다.

"도와주신다면 한번 집필해 보겠습니다."

그렇게 첫 번째 책을 내게 됐다. 그 첫 번째 책의 이름은 '1년 안에 되파는 토지투자의 기술'이란 책이다. 결과적인 얘기지만 그 이후로 난 계속 책을 집필하여 지금 쓰고 있는 이 책이 전자서적을 포함해서 일곱 번 째 책이다. 그때 나에게 책을 쓰라고 얘기한 사람은 행복 재테크의 카페지기 송사무장님 이었다. 지금은 부동산업계에서 아주 유명한 분이 되셨다. 지금도 나에게 책을 쓸 수 있는 기회를 만들어준 송사무장님께 정말 감사한 마음을 가지고 있다. 얼마 전 나는 출판 기념회를 가졌다. 정말 상상도 하지 않았던 일들이 벌어지고 있었다. 20대 중반 아무것도 모르고 시작했던 토지라는 부동산. 이 시장에서 이제 나는 어느 정도의 인지도를 갖고 있는 사람으로 알려져 있다. 지금 이 순간 생각하면 그동안 나에게 정말 신기한 일들이 벌어졌었구나라는 생각이 든다. 토지투자를 꿈꾸는 많은 사람들이 있다는 것을 잘 알고 있다. 내가 느낀 이 토지라는 부동산 시장은 매우 어려운 시장이다. 하지만한 가지 확실한 것은 블루오션의 시장이라는 것이다. 전문가가 많이 존재하지 않는 시장. 그렇기에 어려운 분야이지만 내가 전문가가 된다면 나는 평생을 토지전문가라는 프라이드를 가지고 살 수 있을 것이다. 뜻이 있는 곳에길이 있다는 말이 있다. 지금 토지라는 부동산을 공부하고 계시는 많은 독자들에게 얘기하고 싶다. 누구나 할 수 있었다면 나는 이 토지라는 분야를 선택하지 않았을 것이다. 나만이 할 수 있기에 이 토지라는 시장을 선택했다. 힘을 내라는 얘기를 하고 싶다. 아무리 힘들고 지쳐도 이겨내란 얘기다. 그순간들을 버텨낸 여러분은 반드시 토지 전문가의 삶으로 경제적 자유를 만들어 낼 것이다.

수많은 강의를 하게 되었다

나는 NPL강사의 조언대로 부동산 카페에서 글을 쓰게 됐다. 정말 폭발적인 반응이었다. 그도 그럴 것이 시장에는 단 한번도 토지투자를 얘기하는 사람이 없었기 때문이다. 거의 매일 매일 글을 쓰니 많은 사람들의 관심을 받게 됐다. 그 때쯤 강사님은 나에게 제안을 하셨다.

"김 공인님! 이제 강의를 한번 해 보면 어떨까요?"

"강의요? 제가요?"

"네. 한번 해 보시죠"

"아닙니다. 제가 강의를 어떻게 합니까? 한 번도 남 앞에서 토지 얘기를 해 본 적이 없습니다. 못 할 것 같습니다."

"그러지 마시고 10명 정도만 초대해서 한 번 해보시지 않을래요?"

"제가 강의를 한다고 하면 과연 신청하는 사람들이 있을까요?"

"한 번 해보시죠"

심장이 엄청 뛰기 시작했다. 내가 강의를 한단 말인가? 토지 얘기를 한다는 말인가? 나는 아직 강의를 하진 않았지만 내가 강의를 할 수도 있다는 생각에 굉장히 흥분된 마음이었다.

오랜 생각을 하게 되었고 이런 생각이 들었다. '그래 나라고 못 할 것 없잖아'라는 생각 말이다.

"그럼 한번 해 보시죠"

"수강료는 어떻게 할까요?"

"4시간 강의하는 걸로 2만원 하시죠. 그리고 첫 강의니까 저녁도 대접했으면 좋겠습니다."

"처음이시니까 원하는 대로 해 드리겠습니다. 그렇게 하시죠."

그렇게 부동산 카페에 광고를 하기 시작했다. 제목도 '김 공인의 토지투자 하는 법'이란 제목으로 수강자를 모집했다. 이게 웬일이란 말인가? 수강자 모집 공고를 한지 채 1시간도 지나지 않아 수강자 마감이 되어 버리고 만 것이다. 정말 놀라지 않을 수 없었다. 광고에는 강의 문의란 문구로 내 전화 번호가 적혀 있었는데 모르는 번호로 전화가 걸려 왔다.

"김 공인님 되시나요?"

"네. 제가 김 공인인데요."

"전 대구에서 살고 있는데 강의 공지를 보았습니다. 그런데 제가 좀 늦게 봐가지고 수강신청을 못했습니다. 한 자리만 더 늘려주시면 바닥에 앉아서 라도 듣고 싶습니다."

내 강의를 듣고 싶어 하신다. 나는 얘기했다.

"아니 제가 뭐라고 그렇게 까지. 인원 늘리겠습니다. 오셔서 들으시면 됩 니다."

그렇게 난 수강생 모집을 원활하게 했었던 기억이 난다. 드디어 강의 하는 날이 되었다. 내 강의를 듣기 위해 책상에 앉아서 나를 기다리는 사람들을 보니 왜 그렇게 떨렸는지 설명을 할 수가 없다. 내 소개를 간단히 하고 강의 를 시작하게 됐다. 정말 사시나무 떨 듯 발발 떨었던 기억이 난다. 친 형이 저 뒤에서 내 강의를 듣고 있었는데 그 눈빛을 아직도 기억하고 있다. 나보 다 더 조마조마한 심정으로 바라보고 있었다. 그렇게 길다면 길고 짧다면 짧 은 4시간의 강의를 마치게 되었다. 강의 후 반응은 모두 놀라는 듯한 분위기 였다. 마치 다른 나라 이야기들을 하는 것처럼 들으셨다는 얘기를 하신다. 어떤 분들은 시간 가는 줄도 몰랐다는 얘기를 하신다. 지금까지 내가 한 강 의를 횟수로 따지자면 약 수천번의 강의를 진행한 듯하다. 정말 많은 강의를 진행했다. 이제는 강의를 진행하면서 옛날처럼 그리 떨지는 않지만 아직도 그 첫 강의 때를 생각하면 심장이 벌렁 벌렁 할 정도이다. 그 때 강의했던 사진을 가끔 꺼내어 보면 '아! 내가 이런 시절이 있었었지' 라고 추억에 잠기게 된다.

부자가 되는 법을 알려주고 그 사람들과 행복하고 싶다

나는 지금 45살이다. 두 아이의 평범한 아빠다. 그런데 토지 부동산을 다룬지가 어느덧 21년째가 되어 가고 있다. 지금의 나는 돈을 걱정하지 않는다. 많은 돈을 벌어서가 아니다. 돈 버는 방법을 배웠기 때문일 것이다. 오랜 세월 토지투자를 통해 돈을 어떻게 벌어야 하는지를 알 수 있게 된 것 같다. 그러면서 나와 같은 생각을 하고 사랑하는 우리 가족들을 위해 부자가 되고 싶어하는 많은 사람들이 있다는 것을 알고 있다. 토지에 뜻을 품고 있는 많은 사람들에게 토지투자를 통해 돈을 벌 수 있는 방법을 알려 주려고 한다. 하지만, 중요한 것은 그것을 안다 해도 쉽게 실행에 옮기기는 힘들다. 왜냐하면 토지라는 시장은 상대적으로 많은 돈을 필요로 하기에 개인의 작은 힘으로는 절대 이길 수 없는 시장이기 때문이다. 이러한 사실을 나는 잘 알고 있다. '나만 알고 나만 하면 그만이지' 라는 생각을 할 수도 있다. 그런데 그렇지 않다. 집단이 되어야 한다. 서로 작은힘을 모아 엄청난 힘을 발휘해야 한다. 그래서 난 네이버 카페 '막강토지군단'을 운영하고 있다. 소수의 사람들, 이 대한민국에서 토지에 뜻을 품은 아주 소수의 사람들. 이 사람들을 모아야 겠다는 생각을 하게 됐다. 난 정말 행복한 사람이 되고 싶다. 그래서 돈을 벌기 시작했고 어느덧 시간이 지나 어느 정도의 돈을 가질 수 있게 되었다. 지금의 나는 행복하지 않다. 왜냐하면 나와 함께 놀 사람들이 없다는 것이다. 내 주위 사람들은 일하느라 너무 바쁘다. 어떤 사람들은 주말까지 일을 한다. 그 사실을 알면서 나는 감히 나와 같이 놀아달라는 말을 할 수가 없다. 그렇게 살아가다보니 돈이 있는데 외로운 감정이 들고 행복하지 않다는 생각을 하게 됐다. 내가 결론지은 행복이라는 것은 함께 즐겁게 웃을 수 있어야 그것이 행복이라고 생각한다. 그래 나는 나와 함께 하는 사람들을 돈을 벌게 해주려고 마음먹은 것이다. 개인이 아닌 집단이 되어야만 토지시장에서 돈을 벌 수 있기에 사람들을 모은다는 것이고 그렇게 함께 부를 이뤄낸 사람들은 함께 놀러도 가고 정말 즐거운 시간들을 보낼 수 있다. 내가 생각하는 행복은 이런 것이다. 함께 할 때 행복 하다는 것을. 이 책을 읽고 있는 많은 사람들에게 제안하고 싶다. 나와 함께 행복해지지 않으시겠습니까? 라고 말이다. 물론 투자라는 것이 항상 성공해서 돈을 벌 수 있다고는 얘기하고 싶지 않다. 하지만 나와 함께 가는 동반자들을 만들어 그 사람들과 같이 돈을 벌고 공부하고 즐거워할 수만 있다면 우리가 함께 한다는 것이 정말 가치 있는 일이 되지 않을까 라고 말이다. 나는 정말 행복해지기 위해 앞으로의 토지투자를 여러분과 함께 해 나갈 것이다.

기회는 준비되어 있는 자에게 온다

이제 책을 마무리 하려 한다. 내가 이 책을 쓰고 있는 이유는 모두 알게 되었을 것이다. 나는 정말 나와 함께 하는 사람들을 얻기 위해서 이 책을 집필하게 되었다. 한 일화를 얘기할까 한다. 부동산을 시작하기 전 어머님이 나에게 물어 보셨다.

"용남아~ 동네 아는 지인이 딱지를 사라는데 살까?"

"엄마! 그게 뭔데?"

"아파트 딱지라는데 이거 사두면 나중에 돈 벌 수 있다던데"

"어떻게 돈을 벌어?"

"그냥 갖고만 있음 된데. 그럼 값이 오른다던데"

"엄마~ 그런거 다 사기야. 우리가 잘 모르니까 지금 우리한테 사기 치는 거야"

"아니야! 그런 사람 아니란 말이야"

"그런 사람이 나 그런 사람이라고 얘기하나? 다 그렇게 사기 당하는 거야. 그게 얼마라는데?"

"한 장에 백만원인데 5장만 사두라는데"

"엄마~ 그걸 왜사? 돈 없다고 해 그냥"

부동산을 시작하기 전 어머니와 나눈 대화이다. 정말 부동산이라는 것은 하나도 알지 못했다. 그 시절 분양권을 사 놓으라는 제안이었는데 나는 그게 사기라고 생각했던 것이다. 수년이 지나 그 분양권의 값이 얼마가 됐을까? 한 장 당 거래되는 금액이 2억원 정도가 되어 있었다. 만약 그 때 우리가 5백만원으로 5장을 사두었다면 10억을 벌게 되었을 것이다. 이 일화를 소개하는 이유는 정말 몰랐기 때문에 기회가 왔어도 우리는 그것이 기회라는 사실조차 알지 못했다는 것이다. 우리가 토지개발을 공부하는 이유이다. 토지개발을 배우게 되면 지금 당장 부자가 될 수 있다는 것이 아니라 어느 순간 다가올 기회가 찾아 왔을 때 그게 기회라는 것을 알아 볼 수 있고, 그게 기회인 줄 알기에 기회를 얻을 수 있다는 것을 알려드리고 싶다. 난 이 일화를 통해 여러분에게 얘기하고 싶다.

'기회는 준비되어 있는 자에게 온다.'라고...

대학 자퇴생 김 공인 이제 100억을 굴린다

나는 대학을 졸업하지도 않았다. 그냥 막연히 부자가 되기를 바랬던 그냥 평범한 사람이었다. 우연한 기회로 공인중개사가 되었고 또 우연한 기회로 토지라는 부동산을 접하게 되었다. 물론 힘들었던 시절이었다. 정말 쓸 수 있는 돈이 없었고 어린 나이에 결혼을 하다 보니 하루 하루 살아간다는 것이 매우 어렵게만 생각 되었다. 그 아픔의 시간들이 이제 추억이 되어 기억으로 남아 있다. 어린 나이에 수차례의 소송을 경험했고, 한 순간에 나를 못 잡아먹어 안달이 난 사람들의 모습도 보게 되었고, 정말 별의 별 사람들이 다 있다는 것을 경험적으로 알게 되었다. 20년이 지난 지금 난 돈 걱정을 하지 않고 살아간다. 또 나와 일 얘기를 하는 많은 사람들과 수백억에 달하는 물건들을 얘기하고 있다. 그것은 곧 계획을 잡고 함께 고민하고 추진한다는 것이다. 정말 놀라운 일이 아닐까라고 생각 한다. 그 옛날 대학 자퇴서를 작성하는 순간에 했던 생각은 '이제 난 뭘 해먹고 살아야 하나' 라고 생각했다면, 45살이 된 지금의 나는 수백억의 물건을 기획하고 있으니...

정말 놀라운 일들이 벌어진 것이다. 여러분에게 얘기하고 싶은 것은 우리 모두는 행복해지기를 바라고 있다. 내가 생각하는 행복이라는 것은 돈이 있다고 해서 이루어지는 것이 아니다. 바로 사람이 행복이다. 사람들과 함께 웃고, 함께 돈을 벌며, 서로가 서로에게 힘이 되고 위로가 되어 준다면 이 험난한 세상, 우리는 행복한 삶을 살아가게 되지 않을까? 라고 말이다. 토지투자를 하는 많은 사람들이 모두 행복해지기를 간절히 바라며, 이만 글을 줄여야 할 것 같다. 끝까지 읽어 준 많은 독자들에게 감사의 말을 전한다.

모두가 행복하길 바라며...

토지투자 시 알아야 하는 개념들

▶ 지목 28개

1) 전(田)

물을 상시적으로 이용하지 않고 곡물, 원예작물, 약초, 뽕나무, 닥나무, 묘목, 관상수, 죽순 등 식물을 재배하는 토지

2) 답(畓)

상시적으로 물을 이용하여 벼, 연, 미나리, 왕골 등을 주로 재배하는 토지

3) 유지

연, 왕골이 자생하는 배수가 잘 되지 않는 토지

4) 구거

용수 또는 배수를 위해 일정한 형태를 갖춘 인공적인 수로, 둑 및 그 부속시설물의 부지를 말하는데 인공적인 수로 뿐 아니라 자연의 유수가 있는 소규모 수로부지 즉, 도랑

5) 하천

자연이 유수가 있거나 있을 것으로 예상되는 토지

6) 광천지

땅속에서 온수, 약수, 석유류 등이 용출되는 곳

170 100억짜리 토지투자 경험기

7) 양어장

물고기를 인공적으로 길러 번식시키는 곳

8) 수도용지

물을 정수하여 공급하기 위한 취수, 저수, 도수, 정수, 송수 및 배수시설의 부지 및 이에 접속된 부속시설물의 부지

9) 제방

방조제, 방수제, 방사제, 방파제 등 조수, 유수, 모래, 바람 등을 막기 위해 설치한 시설물의 부지

10) 염전

바닷물을 끌어들여 소금을 채취하기 위해 조성된 토지로 천일염을 생산하는 토지

11) 과수원

과수류를 집단적으로 재배하는 토지

12) 목장용지

축산업, 낙농업을 위한 초지를 조성한 토지

13) 임야

임야라고 하면 산림이 우거진 산을 떠올리게 되는데, 숲 뿐 아니라 벌판도 임야로 구분된다.

14) 대

주거, 사무, 점포, 박물관, 극장, 미술관 등 문화시설과 이에 접속된 정원및 부속 시설물의 부지

15) 공장용지

공장 부지를 조성하기 위한 부지

16) 학교용지

지적법에서, 일정한 구역 내에 있는 학교 건물과 이에 접속된 부속 시설물의 부지 및 체육장 등으로 지목한 부지

17) 종교용지

교회, 사찰, 향교, 사당 등 건축물의 부지와 이에 접속된 부속시설물의 부지

18) 주차장

시설물부지 인근에 설치된 부설주차장과 주차전용 건축물 및 이에 부속된 부속시설물의 부지

19) 주유소

석유, 액화석유가스, 전기, 수소 등의 판매를 위하여 일정한 설비를 갖춘 시설물의 부지

20) 창고용지

이름 그대로 창고로 쓰이는 보관시설물의 부지

21) 도로

보행 또는 차량운행에 이용되는 토지 및 도로법에 따른 도로

22) 철도용지

기차가 다니는 곳

23) 공원

공공녹지의 하나로, 여러 사람들이 쉬거나 가벼운 운동 혹은 놀이를 즐길 수 있도록 마련된 정원이나 동산

24) 묘지

묘지공원 및 봉안시설

25) 체육용지

체육 시설이 있는 곳

26) 유원지

위락, 휴양을 위한 시설을 갖춘 수영장(워터파크) 유선장, 낚시터, 민속촌, 동물원, 식물원, 경마장, 야영장 등의 토지

27) 사적지

문화재로 지정된 유적 고적 기념물을 보존하기 위한 토지

28) 잡종지

27개 항목에 속하지 않는 토지

▶토임

토임이란 토지임야의 약자로서 지목상으로는 여전히 임야이다. 지적도상 임야이나 분명한 경계와 지적도상 도로를 확인하기 위하여 그 부분의 임야도를 다시 확대하여 그 축적을 크게한 지적도를 그려놓은 임야를 말한다. 통상의 1/3,000 또는 1/6,000의 임야도에서는 대상 토지가 너무 작게 그려져 있어 그 경계와 도로를 확인하기 어렵기 때문이다. 통상 경상도가 낮은 평평한 지반 상태의 1,000평 미만 소규모 임야에 적용되고 있다.

▶등록전환

임야대장 및 임야도에 등록된 토지를 토지대장 및 지적도에 옮겨 등록하는 것을 말한다. 토지소유자는 등록을 전환할 토지가 있으면 그 사유가 발생한 날부터 60일 이내에 지적소관청에 등록전환을 신청해야 한다. 등록전환을 신청할 수 있는 토지는 산지관리법, 건축법 등 관계법령에 따른 토지의 형질변경 또는 건축물의 사용승인 등으로 인하여 지목을 변경해야 할 토지이다. 다만, 다음의 어느 하나에 해당하는 경우에는 지목변경 없이 등록전환을 신청할 수 있다.

① 대부분의 토지가 등록전환 되어 나머지 토지를 임야도에 계속 존치하는 것이 불합리한 경우
② 임야도에 등록된 토지가 사실상 형질변경 되었으나 지목변경을 할 수 없는 경우
③ 도시·군관리계획선에 따라 토지를 분할하는 경우

토지소유자가 등록전환을 신청할 때에는 등록전환 사유를 적은 신청서에 국토교통부령으로 정하는 서류를 첨부하여 지적소관청에 제출해야 한다. 근거법은 공간정보의 구축 및 관리 등에 관한 법률이다.

용도지역의 세분

국토의 계획 및 이용에 관한 법률 제36조 1항 용도지역의 지정 또는 변경		국토의 계획 및 이용에 관한 법률(시행령) 제30조 1항 용도지역의 세분 지정 또는 변경	
도시지역	주거 지역	전용 주거지역	1종 전용주거지역
			2종 전용주거지역
		일반 주거지역	1종 일반주거지역
			2종 일반주거지역
			3종 일반주거지역
		준 주거지역	
	상업 지역	중심 상업지역	
		일반 상업지역	
		유통 상업지역	
		근린 상업지역	
	공업 지역	전용 공업지역	
		일반 공업지역	
		준 공업지역	
	녹지 지역	보전 녹지지역	
		생산 녹지지역	
		자연 녹지지역	
관리지역	보전 관리지역		
	생산 관리지역		
	계획 관리지역		
농림지역			
자연환경 보전지역			

∷ 개발부담금

 토지의 형질변경이나 용도변경을 수반하는 개발사업의 시행자로부터 징수하는 부담금 형태의 공과금을 말한다. 1980년대 말 택지소유상한제·토지초과세와 함께 토지공개념 3법의 하나로 도입된 제도이다.

 투기를 막기 위해 토지의 형질변경 등으로 생기는 개발이익 중 일정한 비율을 환수하는 제도로, 토지의 효율적인 이용을 촉진하여 국민경제의 건전한 발전에 이바지함을 목적으로 한다.

 1989년 12월 30일 개발이익환수에 관한 법률이 제정되었고, 1990년 3월 2일에는 동법 시행령과 시행규칙이 제정되었다. 택지개발사업, 공업단지나 관광단지·유통단지 조성사업, 온천이나 골프장 건설사업, 도심재개발사업, 여객자동차터미널사업 또는 화물터미널사업 등 약 30개 사업이 부과대상이 된다.

 개발사업이 완료된 토지의 가격에서 개발사업을 하기 전의 토지가격과 토지개발에 소요된 비용 및 사업기간 동안의 정상지가 상승분을 공제한 나머지(개발이익)에서 25%를 징수하도록 규정되어 있다. 단, 개발제한구역에서 원주민이 개발사업을 시행할 경우에는 개발이익의 20%를 징수하도록 하고 있다.

『부동산개발업 등록 신청』 안내

2022.08.22.부

1 | 부동산개발업 등록 개요

「부동산개발업의 관리 및 육성에 관한 법률」'07. 11. 18 시행

1. 타인에게 공급할 목적으로 토지를 건설공사의 수행 또는 형질변경의 방법으로 조성하거나 건축물 등을 건축·대수선·리모델링·용도 변경하여 해당 부동산(부동산의 이용권 포함)을 판매·임대(법 제2조, 영 제2조)하고자 하는 자는 부동산개발업 등록을 하여야 함.

2. 부동산개발업 등록 대상(법 제4조 제1항, 영 제3조)

건축물(연면적)	주상복합(비주거용 연면적)	토 지(면적)
3천㎡(연간 5천㎡) 이상	3천㎡(연간 5천㎡) 이상이고 비주거용 비율이 30% 이상인 경우에 한정	5천㎡(연간 1만㎡) 이상

3. 부동산개발업 등록 요건(법 제4조 제2항, 영 제4조)
   ① 일반법인 및 개인

구 분		등 록 요 건
자본금	법 인	자본금 3억원 이상
	개 인	영업용자산평가액 6억원 이상
부동산개발 전문인력		상근 2명 이상 ※ 전문인력 사전교육 및 연수교육 수료자
시 설		사무실 ※ 건축물 대장 주용도 확인

② 특수목적법인 (법 제4조 제3항, 영 제6조)

- 자본금: 등록하고자 하는 특수목적법인의 자본금이 5억원 이상
- 전문인력 및 사무실: 자산관리회사(집합투자업자)의 요건
  - 사무실 및 상근하는 부동산개발 전문인력 5인 이상을 확보한 자산관리회사(집합투자업자)와 자산의 투자·운용 또는 자산의 관리·운용 및 처분에 관한 업무를 위탁하는 계약을 체결하여야 함.

4. 등록의 예외(법 제4조 제1항 및 영 제3조 제2항, 제3항)

① 「주택법」제9조에 따라 등록한 주택건설사업자 또는 대지조성사업자가 주택건설사업 또는 대지조성 사업을 하는 경우에 한하여 등록예외 인정

※ 주택건설(대지조성)사업자가 주택건설(대지조성)사업외의 오피스텔, 주상복합, 상가, 쇼핑몰, 골프장, 복합도시 등 부동산개발 사업을 추진할 경우는 반드시 부동산개발업법에 의거 등록을 하여야 함.

② 「주택법」에 의한 등록대상규모 미만인 주택건설사업 또는 대지조성사업을 영위하는 경우

③ 「기업도시개발 특별법」, 「도시개발법」, 「산업입지 및 개발에 관한 법률」, 「물류시설의 개발 및 운영에 관한 법률」 등 다른 법률에 따라 시행자로 지정받은자

④ 「도시 및 주거환경정비법」에 따라 정비사업을 시행할 수 있는 자

전문인력 자격 증빙서류(개별)

전문인력의 종류	자격 증빙서류		
	자격 학위증명서	경력증명서	종사기관증명서
1. 자 격 자			
변 호 사	변호사등록증 사본	법률사무종사 경력증명서 (2년 이상)	
공인회계사	공인회계사등록 증사본	해당분야종사 경력증명서 (3년 이상)	
감정평가사	자격증 사본	해당분야종사 경력증명서 (3년 이상)	
공인중개사 법 무 사 세 무 사	자격증 사본	1. 개발업법인등 경력증명서 (3년 이상) 2. 4대보험 가입증빙서류	사업실적(5천㎡) 또는 분양매출액(150억원) 확인 서류
건 축 사	자격증 사본		
건설기술자(고급기술자 이상)		건설기술자 경력증명서 (건설기술인협회 발급)	
자산운용전문인력	등록확인서 (국토교통부장관)		
2. 학·석사 학위자	학위수여증명서 사본 또는 졸업증명서	1. 개발업법인 또는 개인사무소 경력증명서(학사: 3년, 석사: 2년) 2. 4대보험 가입증빙서류	사업실적(5천㎡) 또는 분양매출액(150억원) 확인 서류
3. 실무 경력자			
금융기관		은행(제1금융권)·증권금융회사·상호저축은행 경력증명서 (10년 이상 근무+부동산개발금융 및 심사업무 3년 이상 담당)	
국가· 지자체		경력증명서	
공공기관		경력증명서	
지방공사·지방공단		경력증명서	
자격증·학위 비소지자		1. 개발업법인 또는 개인사무소 경력증명서(7년 이상) 2. 4대보험 가입증빙서류	사업실적(5천㎡) 또는 분양매출액(150억원) 확인 서류

토지투자시 알아야 하는 개념들 **179**

부동산개발 전문인력의 범위(시행령 별표1) ['22.08.11 개정]

구 분	부동산개발 전문인력의 범위
법 률	「변호사법」에 따른 변호사 자격이 있는 자로서 국가, 지방자치단체, 공공기관 및 그 밖의 법인 또는 개인사무소에서 법률에 관한 사무에 2년 이상 종사한 자
부동산 개발 금융	1. 「공인회계사법」에 따라 재정경제부장관에게 등록을 한 공인회계 사로서 해당 분야에 3년 이상 종사한 자 2. 「부동산투자회사법」에 의한 자기관리부동산투자회사, 자산관리 회사, 부동산투자자문회사의 등록신청에 따라 자산운용전문인 력으로 국토교통부장관에게 등록된 자 또는 3년 이상 등록된 경력이 있는 자 3. 「은행법」에 따른 은행 및「자본시장과 금융투자업에 관한 법률」 제324조 제1항에 따른 증권금융회사,「상호저축은행법」제9조 제 1항에 따른 상호저축은행에서 10년 이상 근무한 자로서 부동산 개발 금융 및 심사 업무에 3년 이상 종사한 자

부동산 개발 실무	1. 감정평가사의 자격이 있는 자로서 해당 분야(부동산가격 공시 및 감정평가에 관한법률 제22조에 따른 직무범위에 속하는 분야)에 3년 이상 종사한 자
	2. 법무사, 세무사 또는 공인중개사 자격이나 부동산 관련 분야의 학 사학위 이상 소지자로서 부동산개발업을 하는 법인 또는 개인사 무소, 「부동산투자회사법」에 따른 부동산투자회사·자산관리회사 및 그 밖에 이에 준하는 회사·기관에서 부동산의 취득·처분· 관리·개발 또는 자문 관련 업무에 3년(부동산 관련 분야의 석사 학위 이상 소지자는 2년) 이상 종사한 자
	※ 부동산개발업을 하는 법인의 예시: 등록사업자, 주택건설사업 자, 대지조성사업자, 건설업자, 건설업자, 부동산개발업자
	※ 부동산개발업을 하는 법인의 사업실적 또는 매출액
	  - 최근 5년 이내 건축연면적 5천제곱미터 또는 토지면적 1만 제곱미터 이상
	  - 최근 5년 이내 부동산개발부문 매출액 150억원 이상
	※ 부동산관련분야: 경영학, 경제학, 법학, 부동산학, 지리학,도시 공학, 토목공학, 건축학, 건축공학, 조경학의 10개학과와 그외

에 국립대학에 개설된 10개 동일학과의 전공필수과목중 16개 과목(48학점)을 이수한 경우

3. 「건설기술진흥법」 제2조 제8호에 따른 토목·건축·도시교통·조경 분야의 고급기술자 또는 특급기술자

4. 건축사

5. 다음 각 목의 어느 하나에 해당하는 기관 등에서 부동산의 취득·처분·관리·개발 또는 자문 관련 업무에 종사한 자로서 국토교통부장관이 정하여 고시하는 기준에 해당하는 자

　가. 국가

　나. 지방자치단체(경제자유구역청 포함)

　　- 5급 또는 5급상당(한시임기제 5호 또는 전문임기제 나급 포함) 이상의 모든 공무원으로서 주택·토지·국토·도시·건설·건축 관련 부서에서 부동산개발에 필요한 제도의 수립·운용, 인가·허가·승인·면허·신고 또는 심사 등에 관한 업무에 3년 이상경력이 있는 자

　　- 7급 또는 7급상당(한시임기제 7호 또는 전문임기제 다급 포함) 이상의 모든 공무원으로서 주택·토지·국토·도시·건설·건축관련 부서에서 부동산개발에 필요한 제도의 수립·운용, 인가·허가·승인·면허·신고 또는 심사 등에 관한 업무에 5년 이상 경력이 있는 자

　다. 법 제4조 제1항 제2호에 따른 공공기관

　라. 법 제4조 제1항 제3호에 따른 지방공사 및 지방공단: 개발관련업무에 10년 이상 종사한자

　마. 영 제9조 제2항 제4호 및 별표 1 부동산개발 실무 제6호에서 "부동산개발에 관한 사업실적·매출액이 국토교통부장관이 정하여 고시하는 규모 이상인 부동산개발업을 하는 법인 또는 개인사무소에서 부동산의 취득·처분·관리·개발 또는 자문 관련 업무에 7년 이상 종사한 자

⯈ 개발행위허가

난개발을 방지하기 위해 개발행위를 하려는 자에 대해 「국토의 계획 및 이용에 관한 법률」에 따라 특별시장·광역시장·특별자치시장·특별자치도지사·시장 또는 군수의 허가를 받도록 하는 것을 말한다. 이 제도는 2000년 「도시계획법」 전면 개정시 도시지역을 대상으로 처음 도입되었는데, 2002년 「국토의 계획 및 이용에 관한 법률」이 제정되면서 전 국토로 확대되었다.

허가를 받아야 하는 개발행위의 구체적인 범위는 다음과 같다.

① 건축물의 건축: 「건축법」에 따른 건축물의 건축

② 공작물의 설치: 인공을 가하여 제작한 시설물(「건축법」에 따른 건축물 제외)의 설치

③ 토지의 형질변경: 절토·성토·정지·포장 등의 방법으로 토지의 형상을 변경하는 행위와 공유수면의 매립(경작을 위한 토지의 형질변경은 제외)

④ 토석채취: 흙·모래·자갈·바위 등의 토석을 채취하는 행위(토지의 형질변경 목적은 제외)

⑤ 토지분할: 다음의 어느 하나에 해당하는 토지의 분할(건축물이 있는 대지는 제외)
   • 녹지·관리·농림·자연환경보전지역 안에서 허가·인가 등을 받지 않고 행하는 토지의 분할
   • 「건축법」에 따른 분할제한면적 미만으로의 토지의 분할
   • 관계법령에 의한 허가·인가 등을 받지 않고 행하는 너비 5m 이하로의 토지의 분할

⑥ 물건을 쌓아놓는 행위 : 녹지지역·관리지역 또는 자연환경보전지역 안에서 건축물의 울타리 안에 위치하지 아니한 토지에 물건을 1월 이상 쌓아놓는 행위. 예외적으로 재해복구나 재난수습을 위한 응급조치, 건축신고 대상건축물의 개축·증축·재축과 이에 필요한 범위에서의 토지의 형질변경 등의 경미한 행위는 개발행위허가 없이 할 수 있다.

한편, 개발행위허가는 다음의 기준에 맞는 경우에만 하여야 한다.

① 토지의 형질변경 규모가 용도지역별 특성을 고려하여 정하는 다음의 규모에 적합할 것. 다만, 관리·농림지역은 그 면적의 범위 안에서 도시·군계획조례로 따로 정할 수 있다.

- 보전녹지지역·자연환경보전지역 : 5천m^2 미만
- 주거지역·상업지역·자연녹지지역·생산녹지지역 : 1만m^2 미만
- 공업지역·관리지역·농림지역 : 3만m^2 미만 이때, 개발행위가 다음에 해당하는 경우에는 규모의 제한을 받지 않는다.
- 지구단위계획으로 정한 가구 및 획지의 범위 안에서 이루어지는 토지형질변경으로서 관련 기반시설이 이미 설치되었거나 형질변경과 기반시설 설치가 동시에 이루어지는 경우
- 해당 개발행위가 농어촌정비사업으로 이루어지는 경우
- 해당 개발행위가 국방·군사시설사업으로 이루어지는 경우
- 초지조성, 농지조성, 영림 또는 토석채취를 위한 경우
- 하나의 필지에 건축물 건축이나 공작물 설치를 위한 토지의 형질변경이나 하나 이상의 필지에 하나의 용도에 사용되는 건축물 건축이나 공작물 설치를 위한 토지의 형질변경으로서 시·도 도시계획위원회 또는 대도시 도시계획위원회의 심의를 거친 경우
- 건축물의 건축, 공작물의 설치 또는 지목변경을 수반하지 않고 시행하는 토지복원사업

② 도시·군관리계획 및 성장관리방안의 내용에 어긋나지 아니할 것

③ 도시·군계획사업의 시행에 지장이 없을 것

④ 주변지역의 토지이용실태 또는 토지이용계획, 건축물의 높이, 토지의 경사도, 수목의 상태, 물의 배수, 하천·호소·습지의 배수 등 주변환경이나 경관과 조화를 이룰 것

⑤ 해당 개발행위에 따른 기반시설의 설치나 그에 필요한 용지의 확보계획이 적절할 것

∷ 접도구역

도로 구조의 파손 방지, 미관(美觀)의 훼손 또는 교통에 대한 위험 방지를 위하여 필요하면 소관 도로의 경계선에서 20미터(고속국도의 경우 50미터)를 초과하지 아니하는 범위에서 「도로법」에 따라 지정·고시된 구역을 말한다. 다만, 다음의 어느 하나에 해당하는 지역에 대해서는 접도구역을 지정하지 않을 수 있다.

① 지구단위계획구역
② 다음의 어느 하나에 해당하는 지역 중 도로관리청이 교통 등에 대한 위험이 없다고 인정하는 지역
- 해당 지역의 도로 중 차도·길어깨·비탈면·측도(側道)·보도 및 측구(側溝) 등에 제공되지 아니하는 부지의 폭이 인접한 접도구역의 폭 이상인 지역
- 해당 지역의 일반국도·지방도 또는 군도의 폭 및 구조 등이 인접한 도시지역의 도로의 폭 및 구조 등과 유사하게 정비된 지역으로서 그 도시지역으로부터 1km 이내에 있는 지역 중 주민의 집단적 생활근거지로 이용되는 지역
- 해당 지역의 일반국도·지방도 또는 군도의 폭과 구조 등이 인접한 도시지역의 도로의 폭 및 구조 등과 유사하게 정비된 지역으로서 해당 지역의 양측에 인접한 도시지역 상호간의 거리가 10km 이내인 지역

접도구역에서는 토지의 형질을 변경하는 행위, 건축물이나 그 밖의 공작물을 신축·개축(改築) 또는 증축하는 행위가 원칙적으로 금지된다.

완충녹지

　지구 재해 위험 및 공해의 가능성이 높은 공간으로부터 생활 공간인 시가지의 안전과 건강을 확보하기 위하여 만든 녹지

가감속차선

　가감차선이란 각종 사업장등 주차장으로 진입할 때 교통사고의 예방을 위하여 설치하는 도로법상의 법규로 허가규정이 상당히 까다롭다. 감속차선을 설치하려면 도로에서 진입하여는 입구에 감속차선 그리고 출구에는 가속차선을 설치하여 사업장등을 진·출입하는 차량들이 도로를 지나는 차량들과 접촉사고를 예방하기 위한 수단이다. 감속차선 가속차선 가속테이퍼, 감속테이퍼를 기준에 의하여 설치하여야 한다.

구거

　하천보다 규모가 작은 4~5m 폭의 개울을 뜻한다. 용수(用水) 또는 배수(排水)를 위하여 일정한 형태를 갖춘 인공적인 수로·둑 및 그 부속시설물의 부지와 자연의 유수(流水)가 있거나 있을 것으로 예상되는 소규모 수로부지이다(공간정보의 구축 및 관리등에 관한 법률 시행령 제58조). 하천법의 적용을 받지 않고 공유수면 관리 및 매립에 관한 법률의 적용을 받는다.

　국가 소유로 경매의 대상은 아니나 폐구거부지의 경우 양여나 매각을 통하여 개인명의로 등기할 수도 있다. 구거의 소유자는 대안(對岸)의 토지가 타인의 소유인 때에는 그 수로나 수류의 폭을 변경하지 못한다.

∗ 도로

도로를 도로부지 소유권에 의해서 분류하면 공도(公道)와 사도(私道)로 나누어진다. 일반적으로 도로는 공도로서 누구든지 자유로이 통행할 수 있고, 국가 또는 지방 공공단체의 공영물로서 인정하여 시설된 것이며, 사도는 개인의 소유지를 공중의 통행에 개방한 도로를 말한다.

전국의 도로를 도로법에 의해서 분류하면 고속국도·일반국도·특별시도·지방도·시도·군도로 분류한다. 고속국도는 국가 기간도로망의 중추부분을 이루는 도로로서 노선의 지정, 구조 관리 및 보전에 관한 필요한 사항은 따로 법률로 정한다. 일반국도는 고속국도와 함께 국가 기간 도로망을 이루고, 중요도시·지정항만·중요한 공항 또는 관광지 등을 상호 연락하는 도로인데, 대통령령으로 그 노선이 지정된다. 또한 특별시도는 서울시·부산시·인천시·대구시 구역 내의 도로로서, 서울시장과 각 시장이 그 노선을 인정한 도로다. 지방도는 지방의 간선 도로망을 이루는 다음에 해당하는 도로다.

이는 관할 도지사가 그 노선을 인정한 것으로 ① 도청소재지에서 시·군청 소재지에 이르는 도로, ② 시·군청 소재지 상호간을 연락하는 도로, ③ 도내의 중요한 비행장·항만·역간을 서로 연락하는 도로, ④ 도내 비행장·항만 또는 역에서 이와 밀접한 관계가 있는 국도 또는 지방도를 연결하는 도로, ⑤ 기타 도로로서 지방 개발상 특히 중요한 도로 등이 있다. 시도는 시내의 도로로서 관할시장이 그 노선을 인정한 도로이며, 군도는 군내의 도로로서 관할 군수가 그 노선을 인정한 도로다.

설계기준에 의한 도로의 분류로 교통량·인구밀도·경제조건 등으로 도로를 지방부와 도시부, 다시 지방부를 평지부와 산지부로 나눈다.

부지장소에 의한 도로의 분류로 가로(街路)는 시가지 도로를 총칭한 것이고, 지방도로는 일반적으로 시골도로를 말하며, 산도는 산지의 도로고, 공원도로는 공원 내의 도로다.

도로 및 노면을 구성하는 구축재료(構築材料)와 공법에 의해서 다음과 같이 분류할 수 있다. ① 토사도(土砂道)는 천연토사도와 사점토사도가 있고, ② 자갈도가 있으며, ③ 쇄석포장도(碎石鋪裝道:매캐덤도)가 있는데, 이를 공법에 의해 세분하면 수제매캐덤도・역청매캐덤도・시멘트매캐덤도 등이 있으며, ④ 역청포장을 한 것으로 역청포장도・역청콘크리트포장도・시트콘크리트포장도・록아스팔트포장도 등이 있고, ⑤ 시멘트콘크리트포장도, ⑥ 블록포장을 한 것으로 벽돌포장도・석괴포장도・목괴포장도・아스팔트블록포장도・고무 블록포장도 등이 있다.

도로를 이용목적에 의해서 분류하면 일반공중용으로 일반도로, 산업개발을 목적으로 하는 산업도로, 유람관광 등을 목적으로 하는 유람도로, 자동차의 쾌주(快走)를 목적으로 하는 드라이브웨이가 있다. 전용도로로는 자동차도로・고속도자동차도로・자전거도 등이 있다. 군사용으로 쓰이는 군사도로, 경작용의 경작도, 산림 내의 운반용 도로로서 산림도 등이 있다.

토지 형질변경

절토(切土), 성토(盛土), 정지, 포장 등의 방법으로 토지의 형상을 변경하는 행위를 말한다.

「국토의 계획 및 이용에 관한 법률」에서는 절토・성토・정지・포장 등의 방법으로 토지의 형상을 변경하는 행위와 공유수면의 매립(경작을 위한 토지의 형질변경은 제외)을 토지형질변경으로 규정하고 있으며, 토지형질변경은 「국토의 계획 및 이용에 관한 법률」에 의한 개발행위에 해당한다.

토지형질변경을 하고자 하는 자는 특별시장·광역시장·특별자치시장·특별자치도지사·시장 또는 군수로부터 개발행위허가를 받아야 한다. 다만, 도시·군계획사업에 의한 행위는 개발행위허가 대상에서 제외되며, 다음의 어느 하나에 해당하는 경우는 그 범위 내에서 특별시·광역시·특별자치시·특별자치도·시 또는 군의 도시계획조례가 정하는 바에 따라 개발행위허가를 받지 않아도 된다.

① 건축신고로 설치할 수 있는 건축물의 개축(改築)·증축 또는 재축(再築)과 이에 필요한 범위에서의 토지의 형질 변경(도시·군계획시설사업이 시행되지 않은 도시·군계획시설의 부지인 경우만 가능)
② 높이 50cm 이내 또는 깊이 50cm 이내의 절토·성토·정지 등(포장을 제외하며, 주거지역·상업지역 및 공업지역 외의 지역에서는 지목변경을 수반하지 아니하는 경우에 한함)
③ 도시지역·자연환경보전지역 및 지구단위계획구역 외의 지역에서 면적이 $660m^2$ 이하인 토지에 대한 지목변경을 수반하지 아니하는 절토·성토·정지·포장 등(토지형질변경 면적은 형질변경이 이루어지는 해당 필지의 총면적을 말함)
④ 조성이 완료된 기존 대지에서 건축물과 그 밖의 공작물의 설치를 위한 토지 굴착
⑤ 국가 또는 지방자치단체가 공익상의 필요에 의하여 직접 시행하는 사업을 위한 토지의 형질변경

토지형질변경의 규모는 원칙적으로 다음에서 정하는 용도지역별 면적 미만이어야 한다. 다만, 관리지역 및 농림지역에 대해서는 다음의 면적의 범위 안

에서 해당 특별시·광역시·특별자치시·특별자치도·시 또는 군의 도시계획조례로 정하는 바에 따른다.

① 주거지역·상업지역·자연녹지지역·생산녹지지역 : 1만m^2

② 공업지역 : 3만m^2

③ 보전녹지지역 : 5천m^2

④ 관리지역 : 3만m^2

⑤ 농림지역 : 3만m^2

⑥ 자연환경보전지역 : 5천m^2

❖ 근린생활시설

일반적으로 주택가와 인접해 주민들의 생활 편의를 도울 수 있는 시설 등으로 볼 수 있다.

근린생활시설은 「건축법」에 의한 용도별 건축물의 종류상 제1종 근린생활시설과 제2종 근린생활시설로 분류한다.

「건축법」에 의한 용도별 건축물의 종류상 다음에 해당하는 것은 제1종 근린생활시설로 분류한다.

• 일용품 등의 소매점 : 바닥면적의 합계가 1천m^2 미만인 것

• 휴게음식점, 제과점 : 바닥면적의 합계가 300m^2 미만인 것

• 이용원, 미용원, 목욕장 및 세탁소(공장이 부설된 것과 「대기환경보전법」 등에 따른 배출시설의 설치허가 또는 신고의 대상이 되는 것은 제외)

• 의원, 치과의원, 한의원, 침술원, 접골원, 조산원, 안마원, 산후조리원

• 탁구장, 체육도장 : 바닥면적의 합계가 500m^2 미만인 것

• 지역자치센터, 파출소, 지구대, 소방서, 우체국, 방송국, 보건소, 공공도서

관, 건강보험공단 사무소 등 공공업무 시설 : 바닥면적의 합계가 1천m^2 미만인 것

- 마을회관, 마을공동작업소, 마을공동구판장공중화장실, 대피소(변전소에 해당하는 것은 제외)
- 도시가스배관시설, 통신용 시설(바닥면적의 합계가 1천m^2 미만인 것), 정수장 양수장 등
- 금융업소, 사무소, 부동산중개사무소, 결혼상담소 등 소개업소, 출판사 등 일반업무시설 : 바닥면적의 합계가 30m^2 미만인 것

「건축법」에 의한 용도별 건축물의 종류상 다음에 해당하는 것은 제2종 근린생활시설로 분류한다.

- 공연장(극장, 영화관, 연예장, 음악당, 서커스장, 비디오물감상실, 비디오물소극장, 그 밖에 이와 비슷한 것): 바닥면적의 합계가 500m^2 미만인 것
- 종교집회장(교회, 성당, 사찰, 기도원, 수도원, 수녀원, 제실, 사당, 그 밖에 이와 비슷한 것) : 바닥면적의 합계가 500m^2 미만인 것
- 자동차영업소 : 바닥면적의 합계가 1천m^2 미만인 것
- 서점(제1종 근린생활시설에 해당하지 않는 것)
- 총포판매소
- 사진관, 표구점
- 청소년게임제공업소, 복합유통게임제공업소, 인터넷컴퓨터게임시설제공업소 : 바닥면적의 합계가 500m^2 미만인 것
- 휴게음식점, 제과점(공장 또는 제조업소 등에 포함되지 않는 것) : 바닥면적의 합계가 300m^2 이상인 것
- 일반음식점
- 장의사, 동물병원, 동물미용실, 그 밖에 유사한 것
- 학원(자동차학원·무도학원 및 정보통신기술을 활용하여 원격으로 교습하는 것 제외), 교습소(자동차교습·무도교습 및 정보통신기술을 활용하

여 원격으로 교습하는 것 제외), 직업훈련소(운전 · 정비 관련 직업훈련소 제외): 바닥면적의 합계가 500m^2 미만인 것

- 독서실, 기원
- 테니스장, 체력단련장, 에어로빅장, 볼링장, 당구장, 실내낚시터, 골프연습장, 놀이형시설(「관광진흥법」에 따른 기타유원시설업의 시설을 말함) : 바닥면적의 합계가 500m^2 미만인 것
- 금융업소, 사무소, 부동산중개사무소, 결혼상담소 등 소개업소, 출판사 등 일반업무시설 : 바닥면적의 합계가 500m^2 미만인 것(제1종 근린생활시설에 해당하는 것 제외)
- 다중생활시설(「다중이용업소의 안전관리에 관한 특별법」에 따른 다중이용업 중 고시원업의 시설로서 국토교통부장관이 고시하는 기준에 적합한 것) : 바닥면적의 합계가 500제곱미터 미만인 것
- 제조소, 수리점 등 : 바닥면적의 합계가 500m^2 미만이고, 다음의 요건 중 어느 하나에 해당되는 시설
- 「대기환경보전법」 등에 따른 배출시설의 설치허가 또는 신고의 대상이 아닌 것
- 「대기환경보전법」 등에 따른 배출시설의 설치허가 또는 신고 대상 시설이나 귀금속 · 장신구 및 관련 제품 제조시설로서 발생되는 폐수를 전량 위탁처리하는 것
- 단란주점 : 바닥면적의 합계가 150m^2 미만인 것
- 안마시술소, 노래연습장

용수로

하천 · 저수지 등의 용수원으로부터 농경지까지 물을 끌어오는 수로를 말하며, 기능에 따라 하나의 관개구역 전체를 지배하는 용수간선(用水幹線) · 용수지선(用水支線) 및 지선에서 분기하여 직접 농경지에 물을 대주는 용수도랑

으로 나눈다. 용수로를 배치할 때는 경사를 알맞게 선택하고 직선으로 거리를 짧게 해야 하며, 토질이 좋지 못하거나 인가(人家)·교통기관 등의 장애물을 피해야 한다. 또한 지형에 따라 터널·잠관(潛管)·수로교(水路橋) 같은 시설이 필요하고 급경사지에는 낙차공사(落差工事), 분수지점에는 분수공사(分水工事) 등이 필요하다.

토지거래허가

건설교통부장관은 토지의 투기적인 거래가 성행하거나 지가가 급격히 상승하는 지역과 그러한 우려가 있는 지역으로서 대통령령이 정하는 지역에 대해 5년 이내의 기간을 정해 토지거래계약에 관한 허가구역으로 지정할 수 있다. 허가구역 안에 있는 토지에 대한 소유권 및 지상권을 이전 또는 설정(대가를 받고 이전이나 설정하는 경우만)하는 등 토지거래 계약을 체결하고자 하는 사람은 허가신청서에 계약내용과 해당 토지의 이용계획 등을 적어 시장·군수 및 구청장에게 제출, 허가를 받아야 한다. 만약 허가를 받지 않고 체결한 토지거래 계약은 효력을 잃는다.

개발제한구역

그린벨트(greenbelt)라고도 한다. 이 구역 내에서는 건축물의 신축·증축, 용도변경, 토지의 형질변경 및 토지분할 등의 행위를 제한하고 있다. 그러나 건설교통부 장관, 도지사, 시장, 군수 등의 승인 또는 허가를 받아 구역설정 목적에 위배되지 않는 한도 안에서의 개발행위는 가능하다.

개발제한구역 중 생산녹지는 농경·목축·임업·수산 등의 경제적 목적을 겸하고 있으며, 도시를 둘러싸고 있는 광활한 농장·유원지·임야 및 산지 등으로 이루어져 있다. 일반적인 개발제한구역 중에는 농가나 넓은 정원을 보유하는 주택·학교 등의 건설물이 점재할 수 있다. 즉, 개발제한구역은 시가지를 구분하는 대상(帶狀)의 공원을 이루고, 또 비상시의 피난로로서 이용된다.

차단녹지는 주택 등을 공장의 배기가스·소음으로부터 방지하는 동시에 대도시의 시가지가 무제한으로 팽창하는 것을 막기 위하여 도시 외곽에 도시민의 쾌적한 환경을 제공하려는 목적에서 설치된다. 한국에서는 1971년 7월 30일 서울지역을 효시로 도시의 무질서한 확산을 방지하고, 도시주변의 자연환경을 보전하여 도시민의 생활환경을 확보하는 동시에 보안상 도시개발을 제한할 필요가 있다고 인정될 때에는 도시 주변지역에 대한 개발제한구역을 설치할 수 있도록, 도시계획법을 제정하였다.

1972년 8월에는 수도권 개발제한구역이 2배로 확대되어 서울의 광화문 네거리를 중심으로 반지름 30km 이내의 6개 위성도시를 총망라한 68.6km²지역이 개발제한구역이 되었다. 그 밖에 개발제한구역으로 지정된 도시는 부산·대구·춘천·청주·대전·울산·마산·진해·충무·전주·광주·제주 등 13개 도시이다. 외국의 예로서는 런던의 개발제한구역을 들 수 있으며, 이 개발제한구역에는 목장·온실원예농장·운동시설 등이 설치되어 있고, 뉴타운 등의 개발은 개발제한구역의 외측에서 볼 수 있다.

❖ 일조권

생활을 하는 데에 햇빛을 받아야 하는 것은 인체의 발육을 위해서나 건강관리를 위하여, 또는 정신건강을 위해서도 매우 중요한 일이 아닐 수 없다. 그런데 그다지 높지 않은 건물만을 짓고 사는 사회에서는 햇빛을 차단할 만한 장애물이 별로 많지 않지만, 공업화·산업화에 따른 도시의 급격한 확대와 지가(地價)의 앙등으로 인한 건물의 고층화 등은 채광(採光)을 둘러싼 심각

한 사회문제를 불러일으키는 것이 보통이다. 그러므로 몇몇 선진공업국에서는 이에 관한 법적 조치를 강구한 바 있다.

예컨대, 영국의 채광권법과 일본의 건축기준법 제56조의 2 등이 그것이다. 한국에서도 1960년대 후반부터 급속히 추진된 공업화에 맞추어 팽창된 도시의 과밀화와 고층화된 건물 등으로 말미암아 특히 주거지역(住居地域) 내에서의 채광문제가 적지 않은 분쟁거리로 되기에 이르렀다. 민법상 건물을 축조하는 경우에는 경계로부터 0.5m 이상의 거리를 두도록 되어 있으나(242조 1항), 이것만으로 채광이 보호될 수 없음은 물론이다.

그러므로 건축법에서 공동주택과 전용주거지역 및 일반주거지역 안에서 건축하는 건축물의 높이는 일조권의 확보를 위하여 대통령령으로 정하는 높이 이하로 하도록 규정하였으며(61조), 또 건축법시행령에서 건축물을 건축하는 경우 각 부분의 높이제한 및 인접 대지경계선으로부터 띄어야 하는 거리제한에 대한 세부규정을 두었다(86조). 이렇게 함으로써 상충되는 일조권 확보와 건설 촉진의 양면을 조화시키는 데 기여하게 되었다.

⁑ 도로점용허가

도로점용허가란 도로의 구역안에서 공작물·물건 기타의 시설을 신설·개축·변경 또는 제거하거나 기타의 목적으로 도로를 점용하는 것 허가하는 것을 말한다. 도로점용의 허가는 '허가'라는 용어를 사용하고 있으나, 일반인에게 허용되지 않는 도로에 대한 특별한 사용권, 즉 도로점용권을 설정하는 것으로 도로의 특허사용이다.

∴ 현황도로

사실상 도로로 사용되고 있으나 지적도상에 고시되지 않은 도로

산림청 고시문에서 임야 현황도로는 네 가지를 명시하고 있습니다. 네 가지 모두 포함되어야 하는 사항이 아니며, 네 가지 중 한 가지만 해당해도 현황도로로 인정 된다.

1. 현황도로로 이미 다른 인허가가 난 경우

   현황도로로 이미 다른 인허가가 난 경우 현황도로로 인정합니다. 예를 들어, 진입하는 길이 현황도로 한 개인데 현황도로를 중심으로 또는 끝 부분에 건축물이 들어와 있다면 이것은 현황도로이다.

2. 이미 2개 이상의 주택의 진출입로로 사용하고 있는 도로

   사람이 살고 있는 주택이 2채 이상이고, 해당 주택들에 진입하는 진입로가 현황도로 한개 뿐이라면 현황도로로 인정해준다는 말이다.

3. 지자체에서 공공목적으로 포장한 도로

   지자체에서 공공목적으로 포장한 도로입니다. 사실, 지자체에서 포장을 할 정도면 이미 마을이 형성되어 있을 가능성이 높다.

   따라서, 1번과 2번을 모두 포함하는 내용이라고 봐도 무관하다. 마을도 없고 집도 없는데 지자체에서 예산을 써서 포장을 하는 경우는 없을 것이다.

4. 차량진출입이 가능한 기존 마을안길, 농로

   가장 많은 경우에 해당하는 사항입니다. 차량진출입이 가능하면 현황도로로 인정해준다는 것이다. 하지만 "기존" 이라는 말에 주목해야 한다. 담당 공무원이 위성도면이나 현장을 확인하여 기존에 사용하던 길이 아니라고 판단되면 현황도로로 인정이 되지 않는다.

건축법상의 도로

보행과 자동차 통행이 가능한 너비 4미터 이상의 도로로, ① 국토의 계획 및 이용에 관한 법률, 도로법, 사도법 그 밖의 관계 법령에 따라 신설 또는 변경의 고시가 된 도로나 ② 건축허가 또는 신고 시에 특별시장·광역시장·특별자치시장·도지사·특별자치도지사 또는 시장·군수·구청장이 위치를 지정하여 공고한 도로 중 어느 하나에 해당하는 도로나 그 예정도로를 말한다.

또 지형적으로 자동차 통행이 불가능한 경우와 막다른 도로라 할지라도 ① 특별자치시장·특별자치도지사 또는 시장·군수·구청장이 지형적 조건으로 인하여 차량 통행을 위한 도로의 설치가 곤란하다고 인정하여 그 위치를 지정·공고하는 구간의 너비 3미터 이상(길이가 10미터 미만인 막다른 도로인 경우에는 너비 2미터 이상)인 도로, ② 막다른 도로로 길이가 10미터 미만일 경우 도로의 너비는 2미터, 막다른 도로의 길이가 10미터 이상 35미터 미만인 경우에는 너비 3미터, 막다른 도로의 길이가 35미터 이상일 경우에는 너비 6미터(도시지역이 아닌 읍·면지역은 4미터)인 구조와 너비의 것은 도로라 한다.

토지위의 깃발 색깔

흰색 - 강제 수용된 토지로서 계획단계를 의미한다. 아직 시작 전이다.
- 노란색 - 현재 그 지역 토지 소유자와 협의 중이다. 생각보다 시간은 오래 걸린다.
- 파랑색 - 보상중인 토지를 가리킨다. 어느 정도 협의는 끝났다는 표시이다.
- 빨간색 - 협의와 보상이 완료된 상태이다. 곧 개발이 시작된다는 표시이다.

∴비오톱

비오톱이란 그리스어로 생명을 의미하는 '비오스'와 땅 또는 영역이라는 의미의 '토포스'를 결합한 용어인데 풀이하면 특정한 식물, 동물들이 생존할 수 있도록 환경을 갖춘 곳으로, 다른 땅들과는 확연히 구분되는 생물의 서식지를 말한다.

서울시는 2010년부터 5개의 등급으로 비오톱 유형을 구분해 지정하고 있는데, 비오톱은 1등급부터 5등급까지 있다. 이중에 비오톱 1등급 토지는 무조건 '보전'한다. 일체의 모든 개발행위허가를 모두 금지하고 있기 때문이다.

비오톱 유형평가 등급별 내용

- 1등급: 대상지 전체에 대해 절대적으로 보전이 필요한 비오톱 유형
- 2등급: 대상지 전체에 대해 절대적으로 보전을 우선해야 하는 비오톱 유형
- 3등급: 대상지 일부에 대해 보전을 우선하고 잔여지역은 토지이용제한이 필요한 비오톱 유형
- 4등급: 대상지 일부 토지에 대한 토지이용제한이 필요한 비오톱 유형
- 5등급: 부분적으로 개선이 필요한 비오톱 유형

다시말해 비오톱 토지들은 개발이 절대 불가능한 땅이다.

비오톱 1등급 토지는 국토교통부의 지침에 따라 원칙적으로 개발제한구역에서 해제될 수 없다

∴법면

도로나 철도를 설치하기 위해 밑바닥부터 도로나 철도 이용부분까지 흙 등으로 쌓은 경사면 부분. 경사면을 만드는 것은 붕괴를 막기 위한 것이다. 토지면적 계산은 지형과 토지의 고저에 불구하고 수평투영면적으로 산정한다. 따

라서 도로부지나 철도부지의 면적은 밑바닥면적으로 계산한다. 택지도 마찬가지여서 축대를 쌓으면, 축대 바닥 면적이 택지면적이 된다.

옹벽

토 압력(土壓力)에 저항하여 흙이 무너지지 못하게 만든 벽체(壁體)를 말한다. 옹벽은 지표지반(地表地盤)의 안정된 경사를 그것보다 가파른 경사로 하였을 경우에 일어나는 지반 붕괴를 막기 위해 만든 구조물이다. 흙을 쌓아 올릴 때, 산을 깎아 낼 때, 해안을 메울 때 등에 필요한 것으로 다음과 같은 종류가 있다.

(1) 블록 쌓기 : 예로부터 널리 쓰이던 축벽(築壁)으로서, 현재는 콘크리트 블록이 많이 사용하고 있다.

(2) 중력식(重力式) 콘크리트 옹벽 : 콘크리트 자체의 중량으로 지반의 붕괴를 막아주는 구조로서 비교적 높이가 낮은 경우에 적합하다.

(3) 특수 철근콘크리트 옹벽 : 옹벽의 높이가 커져서 중력식 옹벽으로는 경제적이 못되거나 벽면을 수직으로 하여 용지(用地)의 이용을 유리하게 할 필요가 있을 경우에 이용되며, 역 T형식 · 부벽식(扶壁式 : L자형) 등 여러 가지 형식이 있다. 이 밖에도 강판이나 목책(木柵)을 이용한 간단한 것도 있다. 풍수해 같은 때 옹벽의 붕괴에 의한 사고가 자주 일어나는 것은 옹벽 뒤의 지반에 빗물이 침수하여 그 지반을 묽게 함으로써 옹벽에 이상(異常)한 힘이 가해져서 지반을 무너뜨리기 때문이다. 따라서 이것을 방지하기 위해서는 배수관을 만들어 놓아야 한다.

[질문] 내 땅은 내가 막을 수 있다.

갑돌 씨는 새 집을 사서 이사를 했다. 집 뒤에는 산이 있어서 통로는 자연히 집 앞에 있는 공터가 이용될 수밖에 없었다. 마침 전 집주인과 공터 주인이 같은 사람이어서, 공터 가장자리 중 리어카가 다닐 수 있는 넓이만큼 무상으로 사용할 수 있기 때문에 새 집을 샀던 것이다.

그런데 2년 후 그 공터를 을식 씨가 사서 집을 짓기 시작했는데, 갑돌 씨가 통행로로 사용하던 부분을 인정할 수 없다며 그곳을 포함하여 담을 쌓기 시작하였다.

담이 완성되면 갑돌 씨는 자기 집에 드나들 수 있는 통로가 막힌다. 물론 날아서 다니거나 헬리콥터를 이용하면 되겠지만 그럴 수는 없는 노릇이고…. 어쩌면 좋을까?
　① 공터는 갑돌 씨의 소유가 아니므로 새 소유자인 을식 씨가 막더라도 갑돌 씨에게는 아무 권리가 없다.
　② 갑돌 씨는 을식 씨에게 통행로에 해당하는 토지를 팔아줄 것을 청구할 수 있다.
　③ 갑돌 씨는 을식 씨에게 통로를 막지 말거나, 다른 통로를 개설해 줄 것과 자기에게 최소한의 통행 공간을 내줄 것을 청구할 수 있다.

[해답] 주위 토지 통행권

갑을 씨가 을식 씨의 토지를 통행할 수 없다고 한다면 이웃사촌 간의 인심 문제를 떠나서 갑돌 씨 소유의 땅이 제대로 이용될 수 없다는 사회 경제적 측면에서의 손실이 있게 된다. 이처럼 어느 토지와 공로 사이에 그 토지의 용도에 필요한 통로가 없는 경우, 그리고 그 토지 소유자가 주위의 토지를 통로로 하지 않으면 공로에 출입할 수 없거나 과다한 비용을 요하는 때, 그 주위의 토지를 통행하거나 필요한 경우 통로를 개설할 수 있는 권리를 '주위 토지 통행권'이라고 한다.

따라서 갑돌 씨는 을식 씨에게 통로 부분에 담을 쌓지 말고 개방하도록 요구할 수 있다. 다만 을식 씨의 권리도 존중해주어야 하므로 을식 씨에게 손해가 가장 적은 방법을 사용해야 하며, 만일 이로 인해 을식 씨에게 손해가 발생하면 손해는 배상해야 한다.

그러나 통행로 부분의 소유권은 여전히 을식 씨에게 있고, 갑돌 씨는 오직 통행의 목적으로 그 부분을 사용할 수 있을 뿐이다.

토지사용 승낙서

토지 소유주가 타인이 본인의 토지를 사용할 수 있도록 허락하는 내용을 문서로 작성한 서류로 시행자가 토지의 소유권을 확보하지 못하고 계약만 이루어진 상황에서 인·허가용으로 요구하는 경우가 많다.

즉 소유권 이전등기를 하지 않고 그 땅에 건축허가를 받을 때 토지사용승낙서를 이용하며, 지구 단위 계획에 따른 건축 인·허가를 진행할 때 사전에 미리 토지 소유주에게 토지사용승낙서와 인감 증명을 요청하게 된다.

토지사용승낙서는 정형화된 형식이 있지 않으며, 토지 매매계약서의 내용을 근거로 작성된다. 토지사용승낙서는 토지 소유자가 바뀌면 다시 받아야 하므로, 불완전한 토지사용권이라 할 수 있다.

지역권

일정한 목적을 위하여 타인의 토지를 자기토지(自己土地)의 편익에 이용하는 권리로서 토지용익물권(土地用益物權)의 일종이다(민법 제291조). 지역권(地役權)에 있어서 편익을 받는 토지를 요역지(要役地)라 하고 편익을 제공하는 토지를 승역지(承役地)라고 한다. 로마법의 부동산역권(不動産役權)에서 유래한다. 지역권의 내용은 임대차계약이나 상린관계(제215~244조)에 의하여 목적을 달성할 수 있지만 이들과는 상당한 차이가 있다.

지역권설정(地役權設定)은 토지소유자뿐 아니라 지상권자·전세권자·임차권자(부인설도 있다)간에도 할 수 있다(제292조 1항). 지역권은 유상(有償)이든 무상(無償)이든 무방하다(통설). 또한 지역권은 요역지소유권(要役地所有權)으로부터 분리되어 존재할 수 없고 이에 종된 권리로서 요역지의 처분과 동시에 이전하며, 요역지소유권으로부터 분리하여 양도하거나 권리의 목적으로 하지 못한다(수반성(隨伴性))(제292조). 요역지 전부를 위하여 승역지 전부(承役地 全部)를 이용할 수 있으며 공유나 분할의 경우에 관계자 전부에 대하여 효력을 가진다(불가분성(不可分性))(제293, 295조).

지역권의 종류로는 (1) 적극지역권(積極地役權)과 소극지역권(消極地役權), (2) 계속지역권(繼續地域權)과 불계속지역권(不繼續地域權), (3) 표현지역권(表現地域權)과 불표현지역권(不表現地域權)으로 나누어진다. (2)와 (3)은 시효취득과 관련하여 구별의 실익이 있다. 즉 지역권(地役權)은 「계속되고 표현된 것에 한하여」시효취득할 수 있다(제294조). 그러나 지역권은 일반적으로 설정계약에 의하여 취득되며 그밖에 유언(遺言)·상속(相續)·양도(讓渡) 등으로 취득한다. 다만 설정계약이든 시효취득이든 등기에 의하여 효력이 생긴다(제186조, 245조 1항, 294조).

지역권의 소멸은 요역지나 승역지의 소멸(消滅)·지역권자(地役權者)의 포기(抛棄)·혼동(混同)·존속기간(存續其間)의 만료(滿了)·약정소멸사유(約定消滅事由)의 발생(發生)·승역지(承役地)의 시효취득(時效取得)·지역권(地役權)의 소멸시효(消滅時效)(지역권은 20년간 행사하지 않으면 소멸시효에 걸린다: 제162조 2항)·승역지의 수용 등으로 소멸한다. 그러나 지역권은 요역지에 부착하는 권리이기 때문에 용역지의 소유자가 바뀌어도 소멸되지 않는다.

맹지

지적도상에서 도로와 조금이라도 접하지 않은 토지를 말한다. 타 지번으로 사방이 둘러싸여 있으므로 자루형 대지라고도 한다. 지적도상으로는 도로에서 직접 진입할 수 없으나 실제로는 사람은 다닐 수 있고 차량으로는 들어갈 수 없는 토지인 경우가 많다.

건축법에 의하여 도로에 2m 이상 접하지 않을 때에는 건축이 원칙적으로 불가능하다. 그러나 인근 토지소유자로부터 타 토지사용에 대한 승낙을 받은 뒤 시장이나 군수로부터 사도개설허가를 받으면 건축물을 지을 수 있다. 만약 도로 2m 이내에 접하였더라도 자동차가 필요한 건축물이라면 주차장법에 의거, 도로가 4m 이상이 되어야 지을 수 있다.

지상권 설정 동의서

지상권이란 물적 권리의 한가지로 남의 토지를 이용할 수 있는 권리를 말한다. 토지의 공작물이나 건축물 등에 대한 소유권 등이 이에 해당된다. 지상권의 설정이란 특정한 대상에 이러한 지상권을 설정하는 행위를 말한다.

동의서는 어떠한 사항에 대해 동의한다는 의사를 표명하는 내용을 서면으로 증명하고자 하는 목적으로 작성된 문서이다. 동의 내용과 동의자의 서명, 날인 등이 기재된다. 업무상 관련 책임자의 동의가 필요한 부분이 있거나, 어떠한 행위를 하는데 있어 누군가의 허가가 필요할 경우 작성하는 경우가 많다. 동의서가 법적 효력을 가지기 위해서는 동의자의 서명, 날인이 꼭 있어야 하므로 이에 유의해야 한다.

지상권설정동의서란 지상권의 설정에 대한 동의 사실을 서면으로 증명하는 문서이다. 위치, 지번, 지목, 지적, 사용면적 등의 사항을 기재한다.

⋮지급명령

독촉절차(督促節次)라고도 한다. 지급명령은 채무자의 보통재판적 소재지나 근무지 또는 사무소·영업소의 특별재판적 소재지를 관할하는 지방법원에 전속한다(463조). 지급명령을 할 수 없거나 관할위반이거나 청구의 이유 없음이 명백한 경우에는 결정으로 신청을 각하하며, 이에 대해서는 불복신청을 할 수 없다(465조). 채무자는 지급명령이 송달된 날로부터 2주일 내에 이의신청을 할 수 있다(468조). 채무자가 이의신청을 한 때에는 이의의 범위 내에서 지급명령이 실효된다(470조). 법원은 이의신청이 적법하지 않다고 인정한 때에는 결정으로 이를 각하하여야 하며, 이 결정에 대해서는 즉시 항고를 할 수 있다(471조). 적법한 이의신청이 있는 때에는 소송으로 이행하게 되는데, 지급명령을 신청한 때에 소를 제기한 것으로 본다(472조).

지급명령에 대하여 이의신청이 없거나 이의신청을 취하하거나 각하결정이 확정된 때에는 지급명령이 확정된다(474조). 판결절차 외에 이 독촉절차를 둔 것은 채무자의 자발적 이행을 촉구하는 동시에 채권자를 위하여 수고와 비용의 부담을 덜어 주고 간이·신속하게 집행권원을 얻게 하기 위해서이다.

가처분

　금전채권 이외의 특정물의 급여·인도를 목적으로 하는 청구권에 대한 집행을 보전하기 위하여 또는 다툼이 있는 권리관계에 대하여 임시의 지위를 정하기 위해 법원이 행하는 일시적인 명령을 말한다. 판결이 확정되고 그것의 강제집행 시까지는 많은 시간이 소요되기 때문에 그 기간에 피해가 커질 우려가 있는 경우, 재판을 청구하기 전이나 청구하는 것과 동시에 법원에 가처분 신청을 할 수 있다. 가처분은 특정물의 지급을 목적으로 하는 청구권에 대한 강제집행의 보존을 위하여 그 효능이 있는 것으로써 금전채권이나 금전으로 환산할 수 있는 채권의 보전을 위한 가압류와 구별된다.

토지거래허가 협력의무

　판결에 의하면 규제지역 내의 토지에 대하여 거래계약이 체결된 경우 체결한 당사자 사이에 있어서는 그 계약이 효력이 있는 것으로 완성될 수 있도록 서로 협력할 의무가 있음이 당연하므로, 계약의 쌍방 당사자는 공동으로 관할 관청의 허가를 신청할 의무가 있고, 이러한 의무에 위반하여 허가신청절차에 협력하지 않는 당사자에 대하여 상대방의 이행을 소송으로 구할 이익이 있다는 취지이다.

100억짜리 토지투자 경험기

초 판 발 행 | 2023년 1월 5일
편 저 자 | 김용남
발 행 처 | 오스틴북스
등 록 번 호 | 제 396-2010-000009호
주 소 | 경기도 고양시 일산동구 백석동 1351번지
전 화 | 070-4123-5716
팩 스 | 031-902-5716

정 가 | 17,000원
I S B N | 979-11-88426-57-7(03320)